Perles et paillettes brodées

Irène Lassus et Marie-Anne Voituriez

Dessain et Tolra

Remerciements

Tout à Loisirs
50, rue des Archives
75004 Paris
Tél. : 01 48 87 08 87

Loisirs et Créations
53, rue de Passy
75016 Paris
Tél. : 01 42 15 13 43
Adresses des 12 points de vente
Loisirs et Créations au 01 41 80 64 00

Directrice éditoriale : Catherine Franck
Édition : Valérie Gendreau
Maquette : Agnès Frégé
Schémas : Patricia Ferreira-Gonçalves
Photographies : Cactus Studio, Fabrice Besse
Stylisme : Sonia Roy
Révision et correction : Julien Ringuet
Coordination technique : Anne Raynaud
Photogravure : Nord Compo

Dépôt légal : mars 2002
ISBN : 2-04-720045-2
N° de projet : 10089073-10-CDM 135°
Achevé d'imprimer par CLERC S.A.
18200 Saint-Amand-Montrond
N° d' imprimeur : 7809

Sommaire

Définition des symboles

★ *Débutant*

★★ *Moyen*

★★★ *Confirmé*

Très peu cher

Prix moyen

Assez cher

Le coût de chaque réalisation est donné à côté de la liste des fournitures, aux pages indiquées. Il tient compte de l'achat du support.

Introduction

La broderie perlée est un art ancien né de la rencontre de tissus, de fils et de perles.

D'abord utilisée pour des réalisations somptueuses, elle gagne peu à peu tous les domaines. Chaque tissu perlé est le fruit d'une technique : perles brodées de façon isolée, dessinant des motifs, brodées à points comptés sur un canevas, alignement de paillettes, broderie de shisha, petits miroirs emprisonnés dans un cercle brodé. Quelquefois le fil lui-même prend une valeur décorative.

Les inspirations sont innombrables :

broderies africaines, des Indes et d'Amérique du Nord, motifs traditionnels d'Europe centrale et du Moyen-Orient, créations des grands couturiers.

Les perles existent dans toutes les matières et de toutes les couleurs, pour que chacun puisse s'amuser à créer ses propres motifs, simples ou élaborés, rapides d'exécution ou de longue haleine.

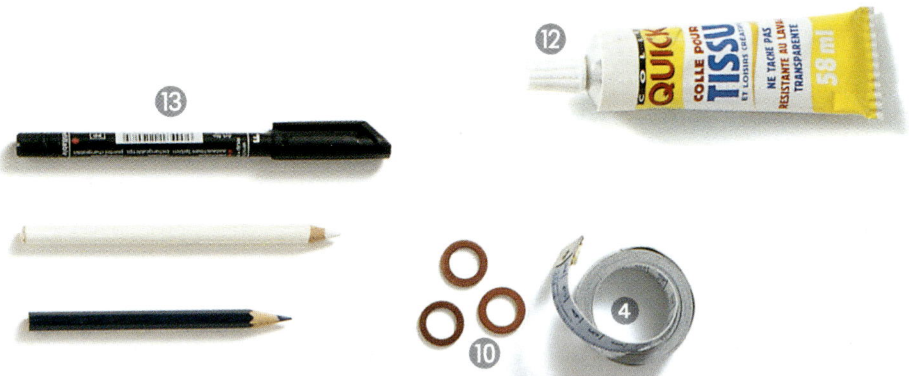

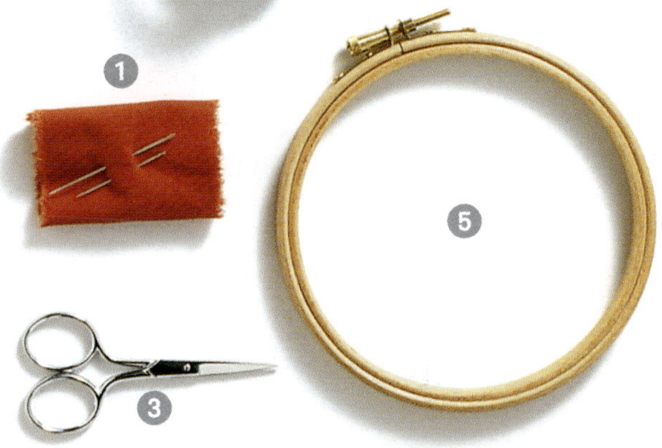

Matériel

❶ **AIGUILLES** : elles doivent être adaptées à l'épaisseur du fil. Pour les perles, utilisez une aiguille fine et longue.

❷ **FILS ET COTONS MOULINÉS DMC** : ces derniers sont composés de 6 brins facilement séparables, selon l'épaisseur de la broderie souhaitée. Ils présentent une grande variété de couleurs et un brillant exceptionnel.

❸ **CISEAUX À BRODER** : on les utilise pour les découpes très précises ou pour couper au ras d'une broderie.

❹ **MÈTRE RUBAN** : il sert à mesurer le tour de cou, poignet, taille, etc.

❺ **TAMBOUR À BRODER** : il est indispensable pour la broderie sur canevas. Posez le canevas sur le petit cercle, ajustez le grand cercle en appuyant et serrez avec la vis pour maintenir le canevas.

❻ **CANEVAS** : il permet de réaliser des broderies pleines. Choisissez toujours un calibre adapté à la taille des perles.

❼ **TOILE THERMOCOLLANTE** : on la trouve dans plusieurs couleurs. Collée au fer à repasser sur l'envers du tissu, elle lui donne de la raideur et l'empêche de s'effilocher.

❽ **OUATINE** : elle permet de doubler les tissus et d'obtenir un effet matelassé.

❾ **MIROIR SOUPLE** : il se découpe facilement et permet de fabriquer des miroirs shisha (voir p. 14).

❿ **JOINT DE PLOMBERIE** : petite rondelle évidée que l'on trouve dans les quincailleries et qui sert de base à la fabrication de petits miroirs (voir p. 14).

⓫ **BOUTONS** : détournés de leur fonction, les boutons nacrés, anciens, transparents, colorés, peuvent devenir des éléments de décor.

⓬ **COLLE À TISSU**

⓭ **CRAYONS À TISSU**

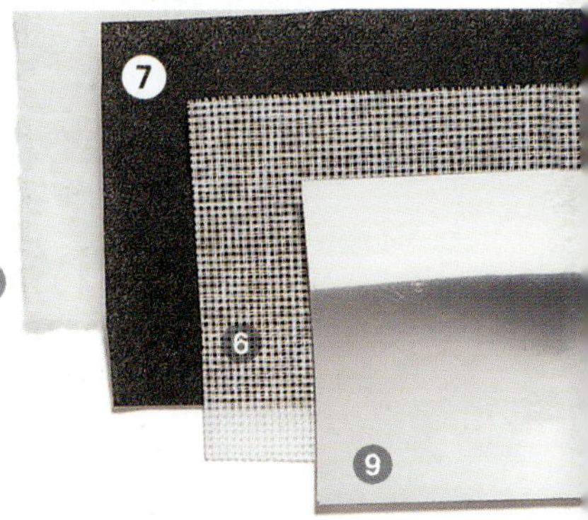

Tissus et rubans

DENTELLE : elle est vendue au mètre et existe en coton et en synthétique.

VOILES DE COTON : ces tissus légers et colorés permettent de jouer avec les transparences et les couleurs.

TISSUS IMPRIMÉS : la variété infinie des motifs permet de les rebroder de perles et de paillettes.

RUBANS ET PAILLETTES AU MÈTRE : les rubans existent en velours, satin, gros-grain, ruban transparent, etc. Les paillettes au mètre sont déjà cousues entre elles.

LAINE POLAIRE : elle a les mêmes avantages que la feutrine, mais elle est plus chaude et plus souple.

TISSUS DE COTON : faciles à trouver et à assortir, ils existent dans de nombreuses couleurs.

ORGANZA ET ORGANDI : l'organza est un voile de soie et l'organdi un voile de coton. Ils sont légèrement empesés.

FEUTRINE : on la trouve dans une grande variété de coloris. Sa grande qualité est de ne pas s'effilocher.

SOIE : par son aspect brillant et précieux, elle s'associe bien aux perles et aux paillettes.

Perles et paillettes

PERLES DE ROCAILLE TRANSPARENTES : ce sont de très fines perles de verre de couleurs variées, et dont les plus petites sont utilisées pour la broderie.

PERLES À FACETTES : elles existent en verre ou en plastique, et offrent une grande variété de couleurs et de tailles. Elles peuvent aussi être irisées.

PAILLETTES À PERFORATION CENTRALE : elles peuvent être transparentes, opaques, brillantes, irisées, de tailles et de couleurs variées.

PERLES DE ROCAILLE OPAQUES : elles existent aussi en or et en argent. On les utilise lorsque les perles doivent former un graphisme pour rendre le dessin plus lisible.

PERLES EN BÂTONNETS : elles sont utilisées en broderie pour former des tiges ou disposées côte à côte. On peut les introduire dans les compositions de franges en association avec d'autres perles.

PAILLETTES À PERFORATION LATÉRALE : elles sont souvent utilisées pour les breloques et les franges.

CABOCHONS : ce sont de faux joyaux multicolores que l'on peut coudre.

PAILLETTES PLATES : elles sont bien adaptées aux effets d'écaille et aux décors sans relief.

PERLES RONDES : ces perles permettent des jeux de décor si on les alterne avec les perles de rocaille.

Les points de chaînette et de marguerite

Pour les créations pp. 14 et 56

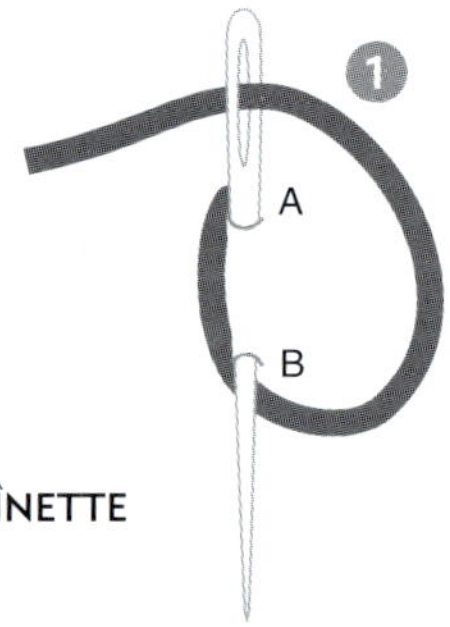

Point de chaînette

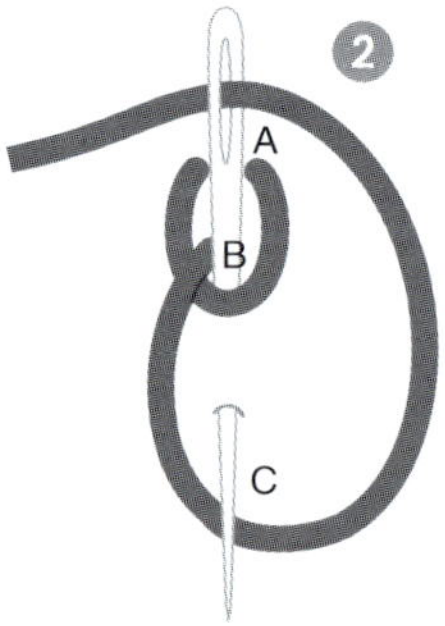

Point de marguerite

❶ Sortez avec l'aiguille en A, puis repiquez immédiatement en dessous de A et sortez en B. Faites passer le fil sous l'aiguille.

❷ Tirez sur le fil et piquez l'aiguille immédiatement en dessous de B. Ressortez en C en tirant sur le fil et en le faisant passer sous l'aiguille.

❸ Faites un point isolé en répétant l'étape 1. Tirez sur le fil et faites un petit point pour fixer la boucle. Faites 5 bouclettes en cercle pour obtenir une fleur.

Le point de feston

Pour les créations pp.14 et 40

Conseils techniques

La principale difficulté de ce point est de maintenir la ligne supérieure bien droite. Pour vous aider, vous pouvez tracer sur votre tissu deux traits légers qui vous serviront de guide. Travaillez de gauche à droite en serrant les points, sans toutefois faire froncer l'étoffe. Les points doivent être très réguliers ; efforcez-vous de maintenir un intervalle constant entre eux.

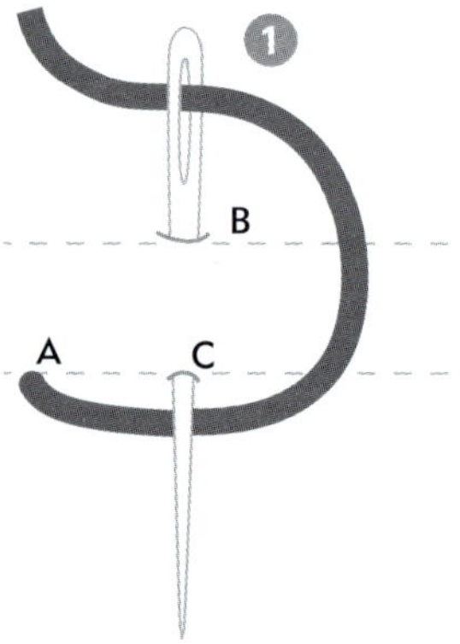

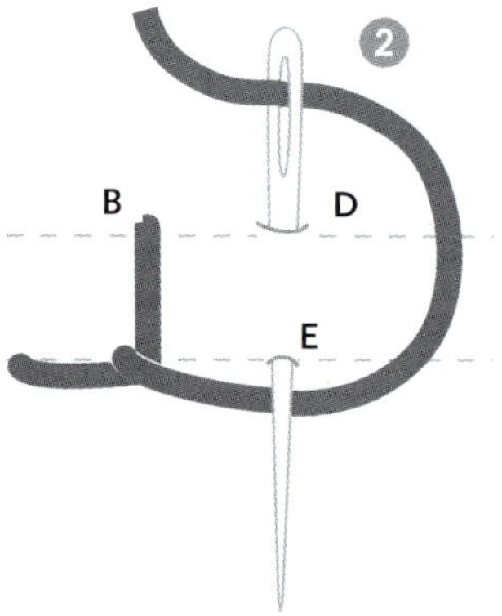

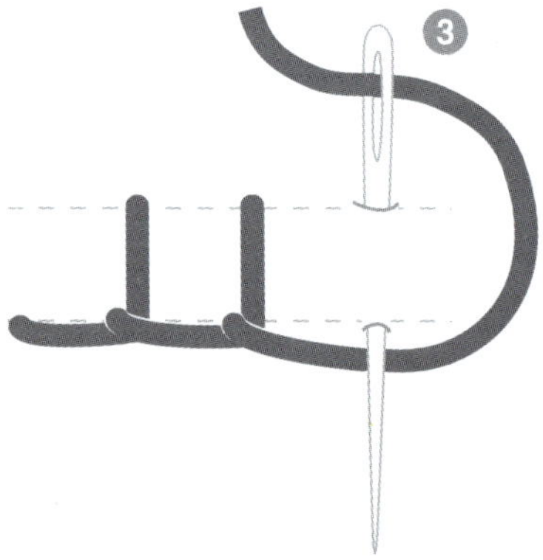

❶ Sortez l'aiguille en A, puis piquez en B. Ressortez en C, sur la même ligne que A. Tirez en passant le fil sous l'aiguille.

❷ Piquez l'aiguille en D, sur la même ligne que B. Sortez en E, en faisant passer le fil sous l'aiguille.

❸ Continuez ainsi de suite en formant des points réguliers et en faisant passer le fil sous l'aiguille.

Le point de chausson

Pour la création p.56

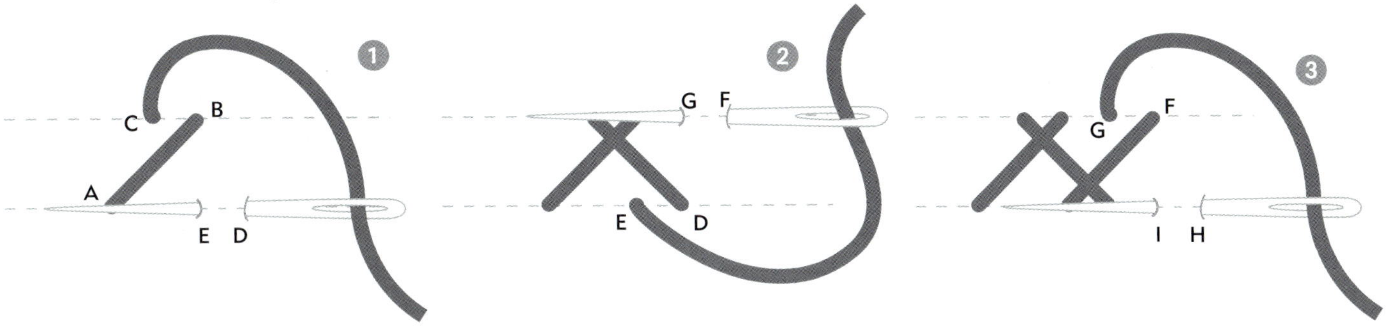

1 Sortez en A, piquez en B, ressortez en C et repiquez en A. Descendez et piquez en D, ressortez en E. Les fils se croisent près de la ligne supérieure.

2 Remontez et piquez en F, ressortez en G. Tirez sur l'aiguille. Les fils se croisent près de la ligne inférieure.

3 Redescendez et piquez en H, ressortez en I. Continuez en répétant les étapes 1 et 2.

Le point de fougère

Pour la création p. 14

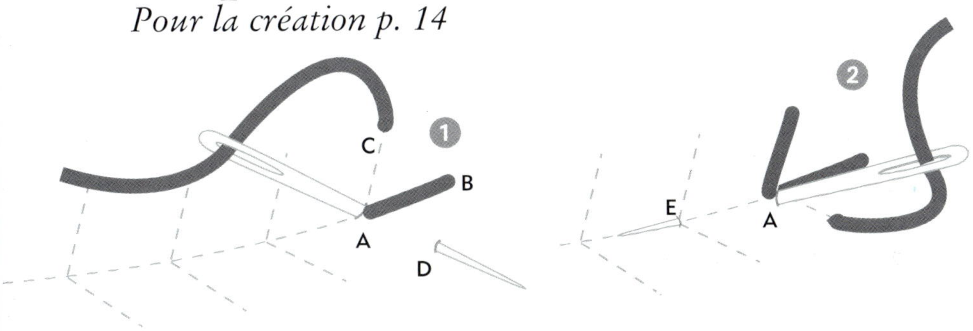

1 Sortez en A sur la ligne centrale du motif. Piquez en B, ressortez en C et repiquez en A. Puis ressortez en D.

2 Repiquez en A et ressortez en E sur la ligne centrale, en place pour le groupe de points suivant. Recommencez la première étape à partir de B.

Conseils de lavage
Vous pouvez laver les vêtements et accessoires brodés, à la main ou à la machine. Retournez-les à l'envers pour éviter de frotter directement les perles et paillettes, ou mieux, enfermez-les dans un sac spécial réservé à cet effet, avant de les mettre dans la machine.

Le point caché

Pour les créations pp.14 et 34

On l'utilise essentiellement pour assembler deux morceaux de tissu qu'il faut finir d'assembler par des coutures invisibles.

Piquez en A, puis en A', passez l'aiguille sous le pli du tissu de devant, ressortez en B et repiquez en B', ainsi de suite.

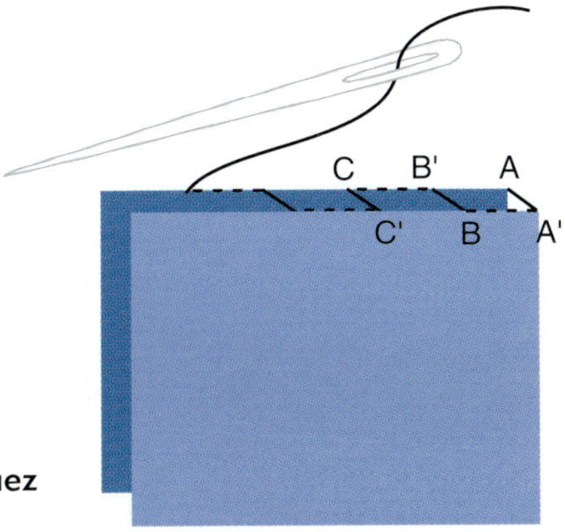

Vitrine féerique ★★★

FOURNITURES

POUR LA VITRINE

- *petites perles de rocaille à broder bleu nuit, bleu clair, bleu moyen, bleu foncé, or, argent, mordorées*
- *1 canevas de 15 x 15 cm*
- *1 vitrine de 8,5 x 8,5 cm (dimensions intérieures)*
- *miroir souple de 3 x 25,5 cm*
- *peinture acrylique bleu outremer*
- *pinceau*
- *colle à tissu*
- *aiguille fine*
- *fil blanc*

POUR LE PALMIER

- *perles de rocaille mordorées, vert clair*
- *paillettes vertes à facettes*
- *3 perles à facettes violettes*
- *fil de fer émaillé (0,3)*
- *fil de fer fin (0,28)*
- *pince coupante*
- *colle à bijoux*

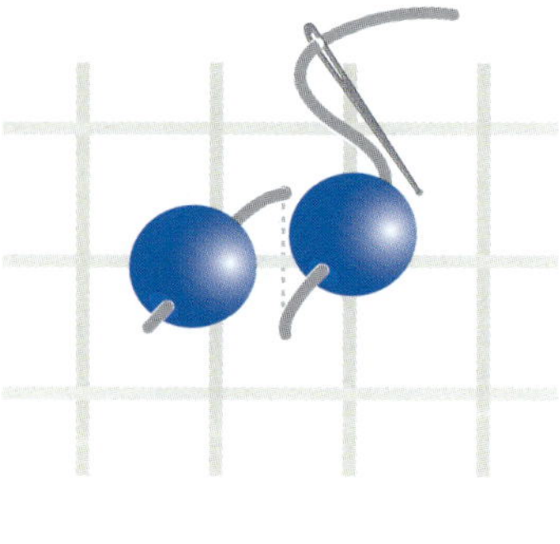

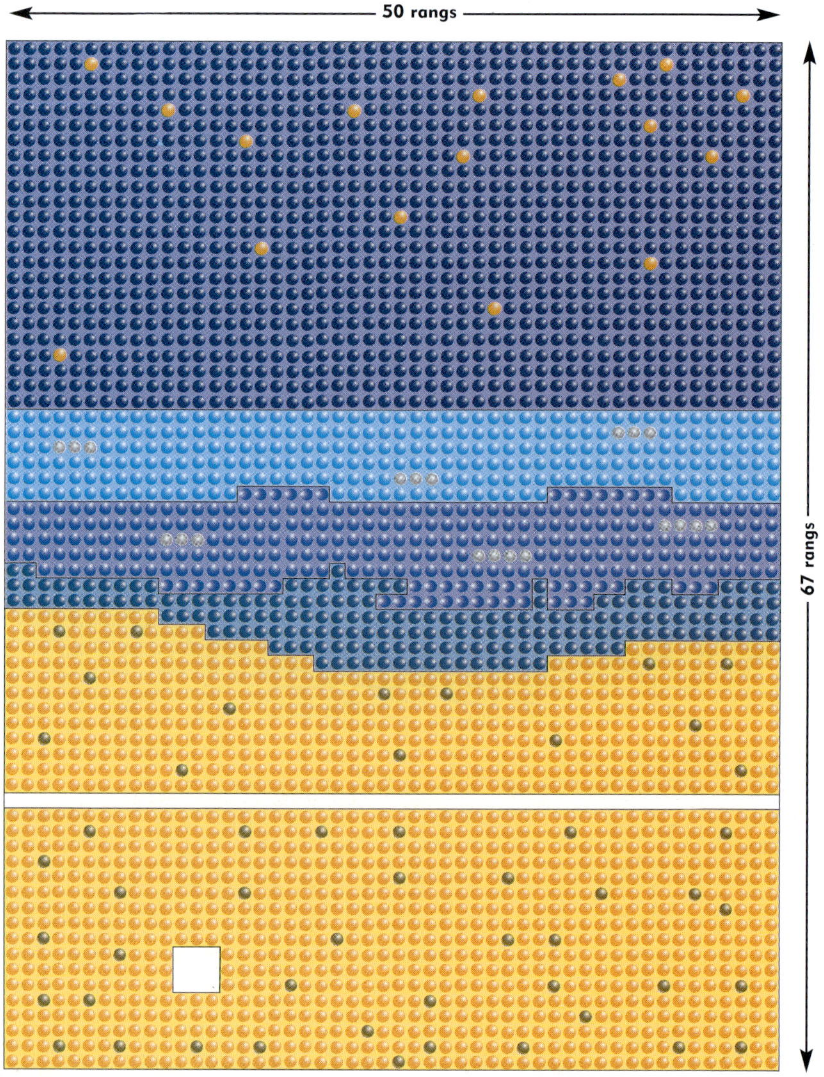

❶ Au centre du canevas, dessinez au feutre fin un rectangle de 67 rangs sur 50. La ligne non brodée servira à la pliure et le carré non brodé sera l'emplacement du palmier.

❷ En vous reportant à la grille, brodez les perles sur le canevas en commençant par le haut du rectangle.

❸ Collez la bande de miroir souple sur les côtés et le haut à l'intérieur de la vitrine. Découpez le canevas à 1 cm après les perles. Repliez et collez la partie qui dépasse sur l'envers du canevas.

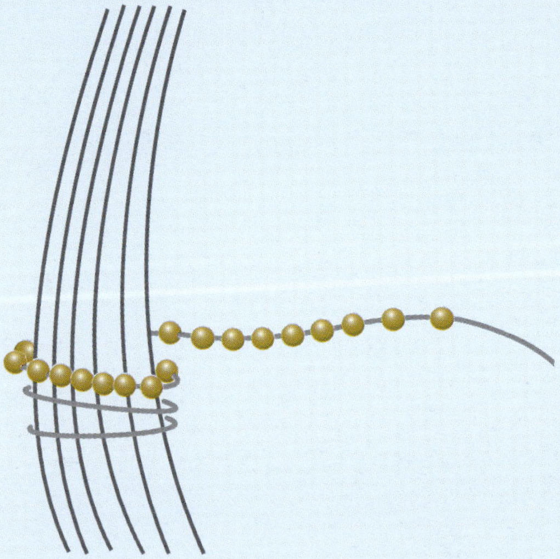

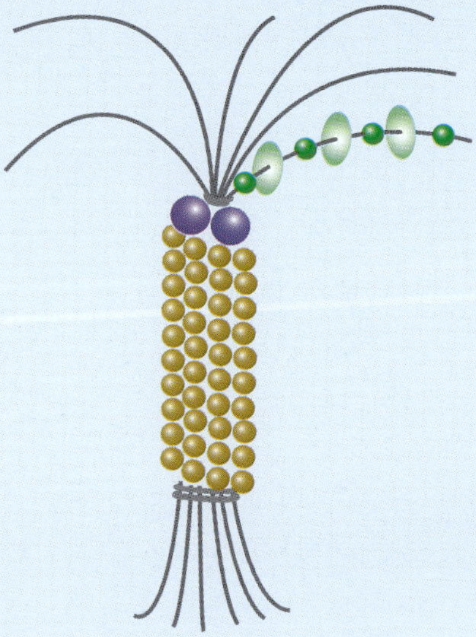

④ Fabriquez le palmier : coupez 6 morceaux de 15 cm de fil de fer émaillé et 1 morceau de 50 cm de fil de fer fin. Réunissez les 6 fils de fer émaillés et serrez-les avec 2 tours de fil de fer fin, à 5 cm de l'extrémité.

Enfilez sur ce même fil de fer fin les perles mordorées et enroulez-le bien serré au fur et à mesure, le long des 6 fils pour former le tronc du palmier de 3,5 cm de haut. Enfilez ensuite les 3 grosses perles qui représentent les noix de coco et terminez en faisant deux tours bien serrés autour des gros fils de fer. Coupez le fil fin.

⑤ Pour les branches du palmier, enfilez sur chaque fil de fer émaillé qui dépasse, en les alternant, les paillettes et les perles vertes sur environ 2,5 cm. Terminez en collant la dernière perle. Laissez bien sécher avant de couper l'excédent de fil.

Choisissez un calibre de canevas adapté à la taille des perles, afin d'obtenir une surface brillante et lisse.

⑥ Égalisez les fils à 2,5 cm en bas du tronc et passez-les dans le canevas à l'endroit prévu ; repliez les fils à l'envers du canevas.

⑦ Encollez le fond et le bas de l'intérieur de la vitrine et appliquez le canevas avec le palmier sur la colle. Peignez le cadre de la vitrine avec la peinture bleu outremer, laissez sécher et placez le cadre sur la boîte décorée.

FOURNITURES

VITRINE DE NOËL

- *petites perles de rocaille bleu pâle, blanc nacré, bleu moyen, vert foncé, mordorées*

POUR LE SAPIN

- *perles de rocaille vert foncé, mordorées*
- *paillettes à facettes vertes*
- *petites perles rondes vertes*

❶ Pour la broderie du paysage, suivez les indications p. 10.

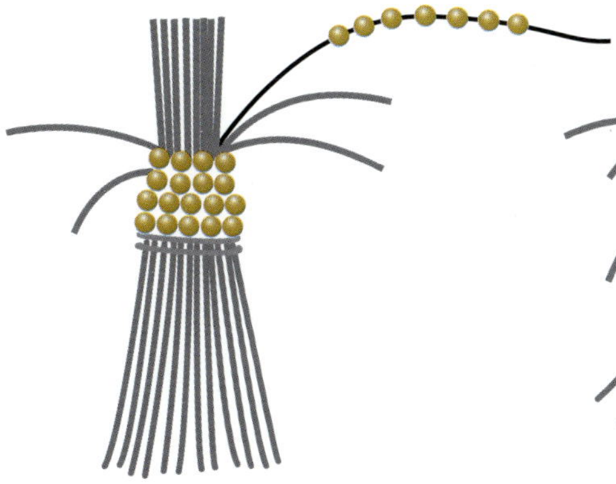

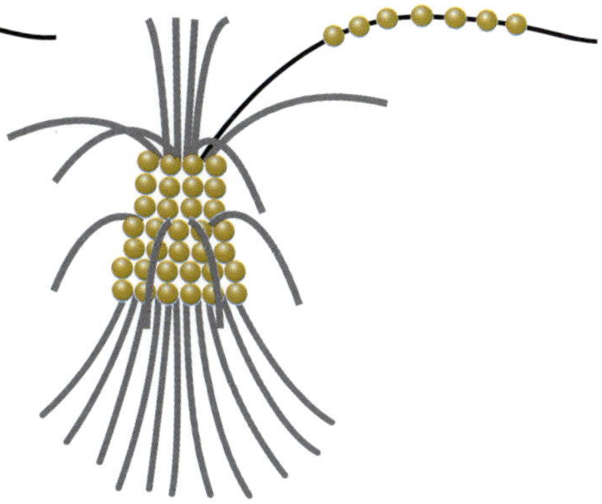

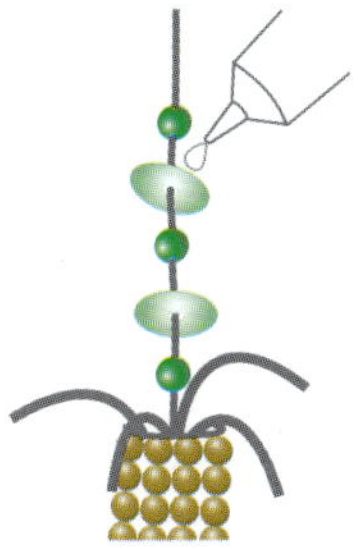

❷ Fabriquez le sapin : coupez 12 morceaux de fil de fer émaillé de 15 cm et 1 morceau de 50 cm de fil de fer fin. Commencez, comme pour le palmier, par rassembler les 12 fils émaillés par 2 tours de fil de fer. Enfilez des perles mordorées sur 4 tours en serrant bien le fil. Écartez alors 4 morceaux de fil de fer émaillé : ils constitueront les 4 branches du bas.

❸ Continuez à enfiler les perles mordorées sur le fil de fer fin et enroulez-le sur 3 tours autour des 8 fils restants. Arrêtez par un tour de fil fin et écartez à nouveau 4 fils. Vous obtenez alors les 4 branches du milieu. Enroulez à nouveau 4 tours de perles mordorées et terminez par 2 tours de fils fins serrés puis écartez les 4 derniers fils pour faire les 4 branches du haut.

❹ Alternez sur le fil de fer fin 4 perles vertes avec 3 paillettes vertes. Collez la dernière perle. Sur les branches, alternez des perles et des paillettes vertes, sur 3 cm environ et terminez en collant à l'extrémité de chaque branche une petite perle ronde. Laissez sécher et coupez l'excédent de fil. Pour la mise en place de l'ensemble, reportez-vous à l'étape 7 page 12.

Damier pailleté ★★★

FOURNITURES

POUR UN COUSSIN
DE 30 X 30 CM

- *petites paillettes rondes orange, turquoise, violettes, vert clair*
- *paillettes carrées argentées*
- *grosses paillettes rose vif*
- *étoiles orange et argentées*
- *3 joints pour robinet de 1,2 cm de diamètre intérieur*
- *1 joint pour robinet de 0,8 cm de diamètre intérieur*
- *1 feuille d'aluminium épaisse ou faux miroir souple*
- *coton mouliné DMC : orange 740, turquoise 3846, violet 552, jaune 833, vert 471*
- *24 cm de ruban transparent orange de 2 cm de large*
- *12 cm de ruban transparent vert de 2 cm de large*
- *24 cm de ruban de satin violet de 1 cm de large*
- *24 cm de ruban de satin vert de 1 cm de large*
- *1 aiguille fine*
- *1 crayon blanc spécial tissu*
- *soie de 4 couleurs différentes: orange foncé, orange vif, vert anis, vert doré, rouge foncé*
- *1 carré de ouatine épaisse de 30 x 30 cm*

❶ Pour faire le coussin, découpez 9 carrés de soie de 12 x 12 cm (2 vert anis, 2 vert doré, 2 orange foncé, 2 orange vif, 1 rouge foncé). Cousez sur un des carrés vert doré deux rubans de satin vert de 12 cm de long, à 2,5 cm des bords. Cousez sur un des carrés orange vif deux rubans transparents orange à 3,5 cm des bords. Cousez 1 ruban violet au milieu de chaque ruban orange. Enfin, cousez 1 ruban transparent vert au milieu d'un des carrés vert anis, c'est-à-dire à 5 cm des bords.

❷ Assemblez les carrés en 3 bandes de 3 carrés en comptant 1 cm pour les coutures et en respectant le schéma pour la disposition des couleurs. Puis assemblez les bandes en suivant toujours le schéma. Repassez le carré obtenu à l'envers pour ouvrir les coutures.

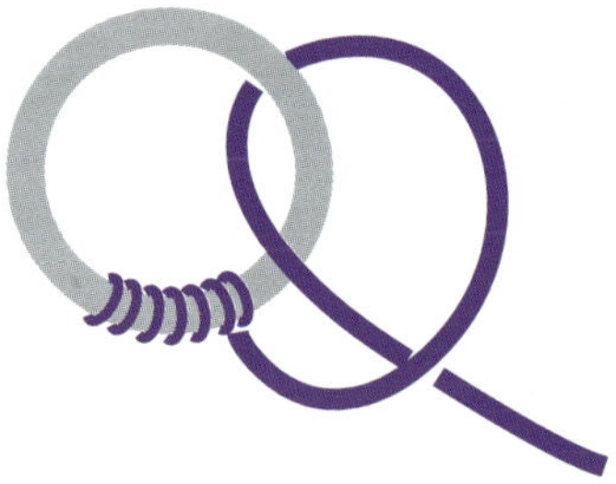

❸ Préparez les rondelles qui vous serviront pour les miroirs : coupez 80 cm de mouliné DMC de chaque couleur (orange, violet, turquoise) et entourez les joints en faisant un point de feston serré tout autour (voir p. 8). Cachez les fils de départ et d'arrivée en les faisant passer avec une aiguille entre les points, à l'envers de la rondelle. Découpez dans l'aluminium des rondelles de 1,5 cm de diamètre pour les trois grands miroirs et de 1,2 cm pour le petit miroir.

Lorsque vous repassez un tissu brodé de paillettes, soyez vigilants : ne touchez pas les paillettes, elles fondraient au contact du fer chaud.

Le carré n° 1

Cousez 5 paillettes orange sur les rubans verts avec 1 brin de mouliné violet. Placez les rondelles d'aluminium sous les joints recouverts de mouliné et fixez le tout avec du fil de la même couleur.

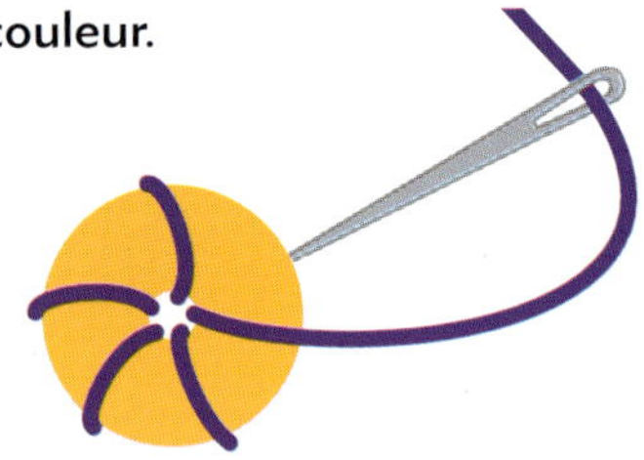

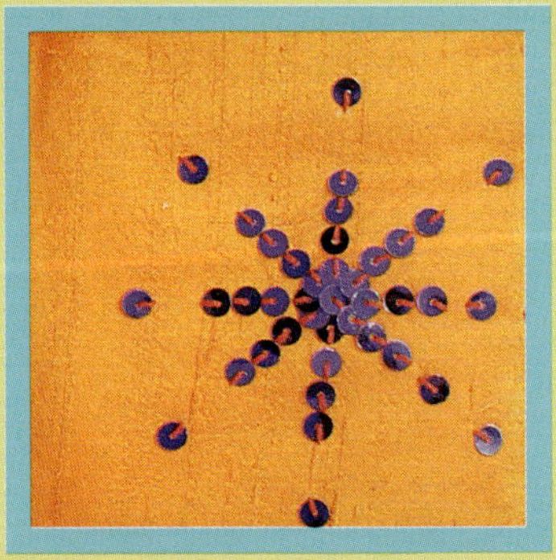

Le carré n° 2

Au milieu du carré de soie, tracez avec le crayon blanc spécial tissu une étoile dont les branches mesurent 6,5 cm de long. Cousez les petites paillettes violettes avec 2 brins de mouliné orange.

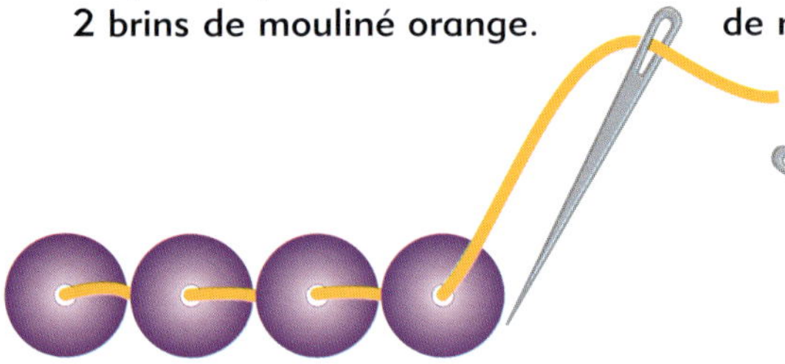

Le carré n° 3

Cousez 6 étoiles orange avec 2 brins de mouliné jaune sur le ruban vert transparent. Puis fixez des paillettes vertes de part et d'autre du ruban avec 2 brins de mouliné orange et turquoise.

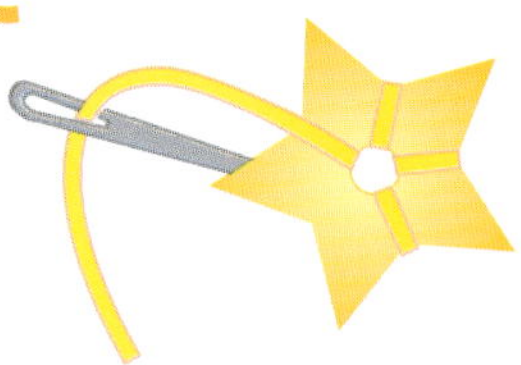

Le carré n° 4

Cousez un semis de paillettes turquoise avec 2 brins de mouliné orange, un semis d'étoiles orange avec 2 brins de mouliné turquoise en appliquant le point utilisé pour le carré n° 3.

Le carré n° 5

Entre les deux rubans violets, cousez 3 étoiles argentées avec 2 brins de mouliné turquoise. Fixez sur les rubans 4 grosses paillettes rose vif avec 2 brins de mouliné vert.

Le carré n° 6

Cousez 6 paillettes orange avec 2 brins de mouliné orange en les dispersant sur le carré. Entourez chaque paillette de 8 points de marguerite (voir p. 8) avec 2 brins de mouliné turquoise.

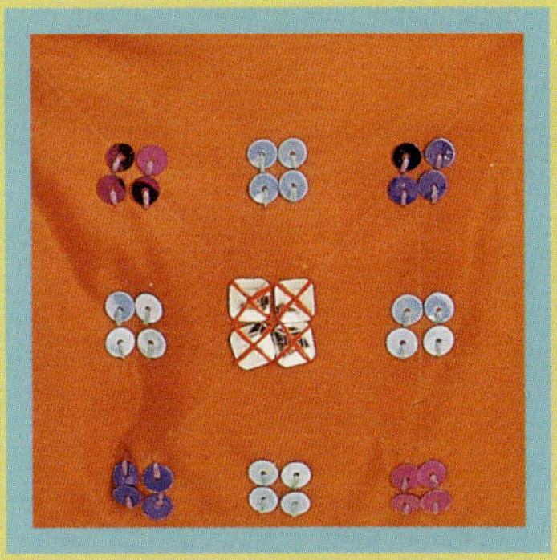

Le carré n° 7

Dessinez une spirale avec le crayon blanc spécial tissu en partant du centre du carré. Cousez les paillettes violettes avec deux brins de mouliné turquoise.

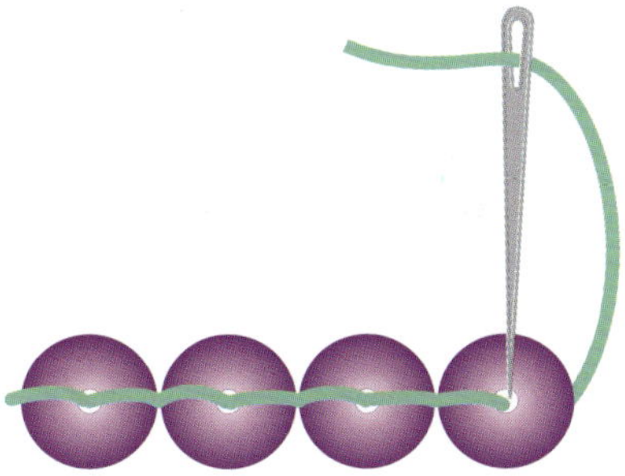

Le carré n° 8

Cousez le petit miroir vert au centre du carré en appliquant la même méthode que pour le carré n°1. Tracez un carré de 6 cm de côté avec le crayon blanc spécial tissu. Brodez un point de fougère (voir p. 9) avec deux brins de mouliné jaune et appliquez des paillettes orange et violettes.

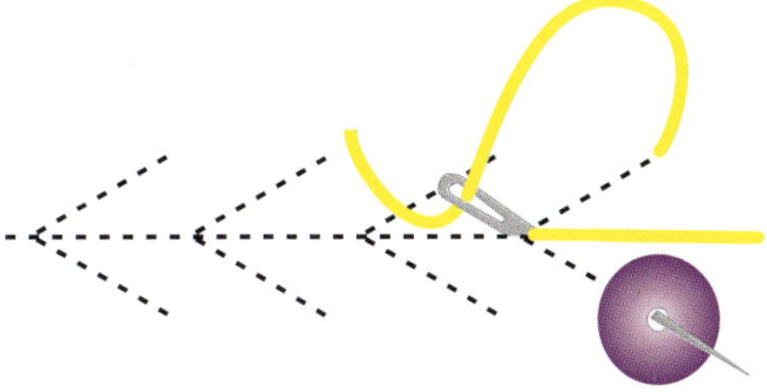

Le carré n° 9

Au centre du carré, fixez 4 paillettes carrées argentées avec deux brins de mouliné orange. Puis cousez 4 x 4 paillettes turquoises, 2 x 4 paillettes violettes et 2 x 4 paillettes roses avec 2 brins de mouliné turquoise ou violet en appliquant le point utilisé pour le carré n° 2.

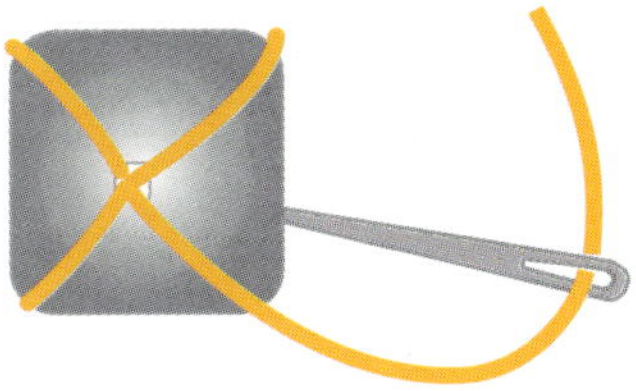

4 Découpez un carré de 32 x 32 cm en soie rouge foncé ; posez-le sur le patchwork endroit contre endroit et cousez tout autour. Laissez une ouverture de 12 cm et retournez le coussin à l'endroit. Donnez un coup de fer pour aplatir les coutures. Introduisez le carré de ouatine dans le coussin et fermez avec une couture cachée (voir p. 9).

5 Assemblez les deux faces du coussin à l'aide de paillettes rose vif pour produire un effet matelassé : posez une paillette aux 4 angles du carré central et 4 paillettes sur la face opposée. Reliez les paillettes en serrant avec 2 brins de mouliné orange, en appliquant le point utilisé pour le carré n° 1.

Abat-jour perlé **

FOURNITURES

- *perles de rocaille dorées, vert anis et rose orangé*
- *perles à facettes dorées, vertes, orange et roses*
- *paillettes mauves transparentes*
- *cercle pour suspension de 15 cm de diamètre*
- *50 cm de voile de coton orange et jaune*
- *fil orange et jaune*
- *aiguille à coudre*
- *colle à tissu*
- *crayon à tissu*

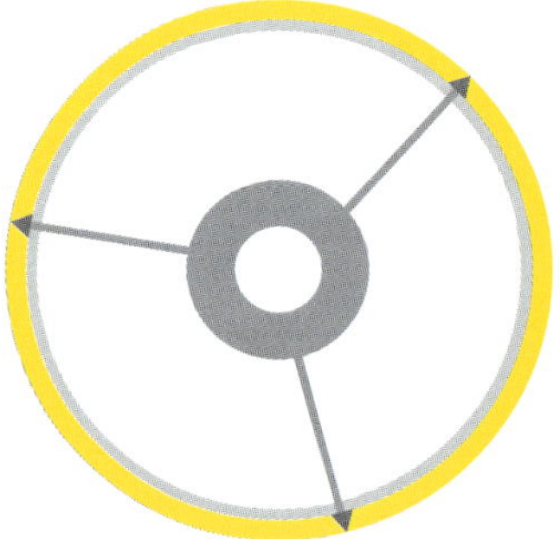

1 Mesurez la circonférence du cercle (47,5 cm pour un cercle de 15 cm de diamètre) et coupez un rectangle de tissu jaune de 32 (dont 2 cm pour l'ourlet du haut) x 49,5 cm (dont 2 cm pour les coutures). Fermez le rectangle par une couture verticale, ouvrez la couture au fer et enfilez le cylindre ainsi obtenu sur le cercle. Repliez le tissu par-dessus le cercle et faites de petites encoches à l'emplacement des barres transversales. Épinglez.

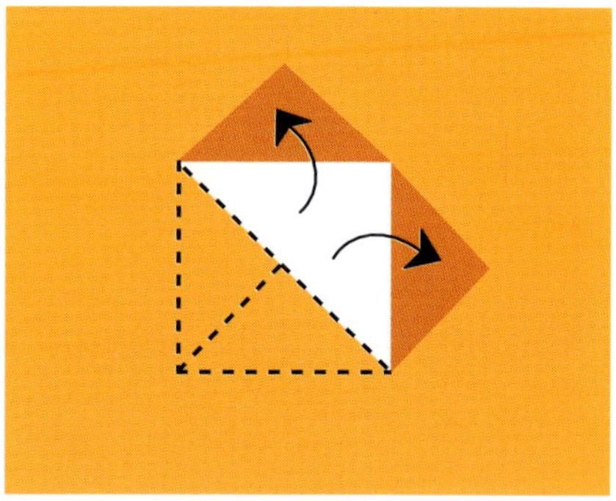

2 Découpez 6 bandes orange de 27 x 8 cm. À 7 cm du bas, découpez un carré de 3 x 3 cm par les diagonales. Collez délicatement les pointes formées par la découpe sur l'envers du tissu.

3 Brodez des perles de rocaille sur les lignes ainsi obtenues en fixant une perle à facettes aux pointes des losanges. Alternez les couleurs des perles pour chaque bande.
À 3 cm des bords supérieur et inférieur des carrés, fixez une paillette mauve avec une perle de la couleur de celle utilisée pour le losange.

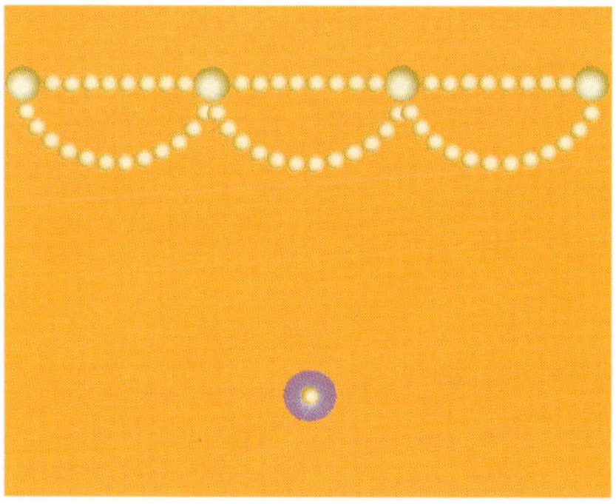

4 Mesurez 25 cm, faites une marque et épinglez les bandes orange à cheval sur le cercle par dessus le tissu jaune. Fixez les deux épaisseurs de tissu avec un rang de perles de rocaille de la couleur du losange. Tous les 2,5 cm, fixez une perle à facette. Pour former les franges arrondies, piquez l'aiguille sous une perle de rocaille, enfilez 5 cm de perles de rocaille assorties au panneau, piquez sous une perle de rocaille, enfilez encore 5 cm et ainsi de suite.

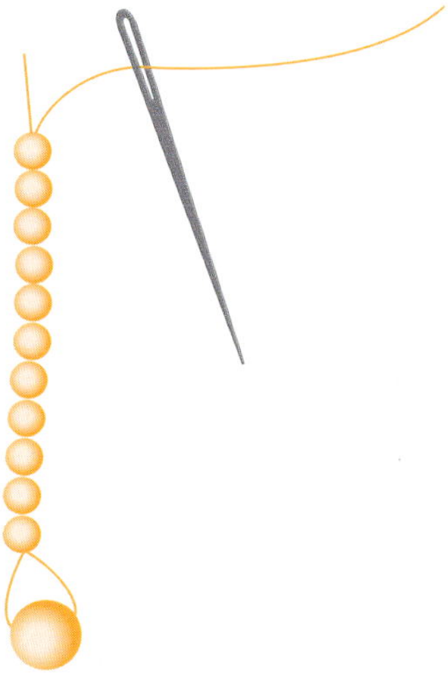

5 Entre chaque panneau, faites pendre une breloque : enfilez 12 cm de perles à facette et une grosse perle assortie, revenez avec le fil dans les perles à facettes et cousez le tout entre chaque panneau.

Cadres multicolores **

FOURNITURES

- *grosses paillettes plates vert métallisé*
- *grosses paillettes à facettes bleu turquoise métallisé*
- *petites paillettes plates vert clair irisé*
- *petites paillettes à facettes vertes transparentes*
- *perles de rocaille vert-bleu transparentes*
- *perles de rocaille vert-bleu opaques*
- *perles à facettes vert et bleu*
- *perles bâtonnets vertes*
- *75 cm de ruban de satin vert foncé de 1 cm de large*
- *75 cm de ruban de satin bleu turquoise de 6 mm de large*
- *50 cm de ruban vert tilleul de 1,5 cm de large*
- *50 cm de ruban vert kaki de 1 cm de large*
- *1 morceau de feutrine de 16 x 16 cm*
- *fil bleu turquoise*
- *1 aiguille fine*
- *1 cadre de 16 x 16 cm (intérieur 8 x 8 cm)*
- *peinture déco bleu Caraïbes*
- *colle à tissu*
- *crayon blanc à tissu*

1 Placez le cadre face sur la feutrine et reportez au crayon son périmètre extérieur et intérieur. Découpez la feutrine sur ces lignes. Découpez les rubans en morceaux de 22 cm pour le décor des côtés et de 11 cm pour celui du milieu. Épinglez-les sur la feutrine en laissant dépasser 3 cm de ruban de part et d'autre du cadre.

2 Repliez une extrémité de chaque ruban sur l'envers de la feutrine et collez-la avec la colle à tissu. Retournez l'ensemble et collez légèrement les rubans sur toute leur longueur sur la feutrine.

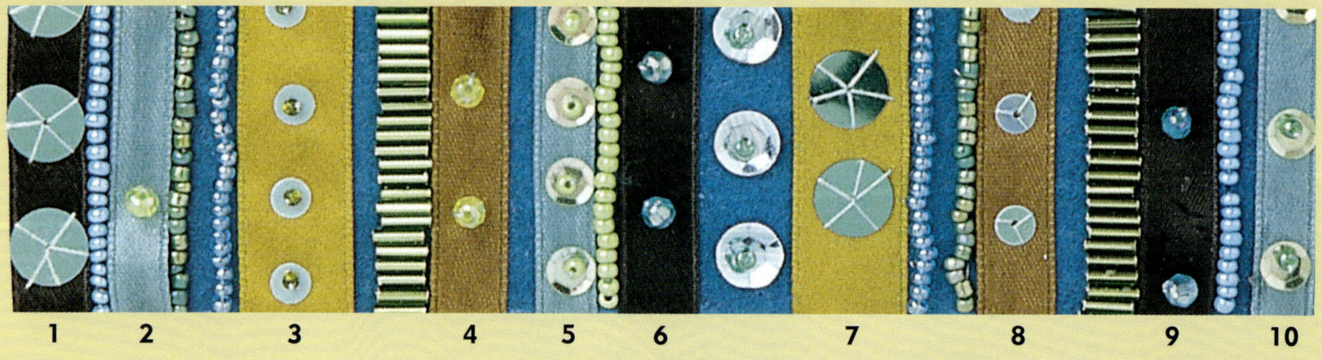

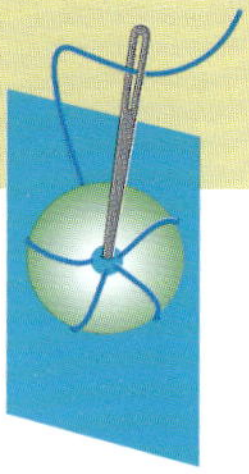

Le ruban n° 1
Cousez tous les 1,5 cm une grosse paillette par 5 points en étoile.

Le ruban n° 2
Cousez tous les 3 cm une perle à facette verte.

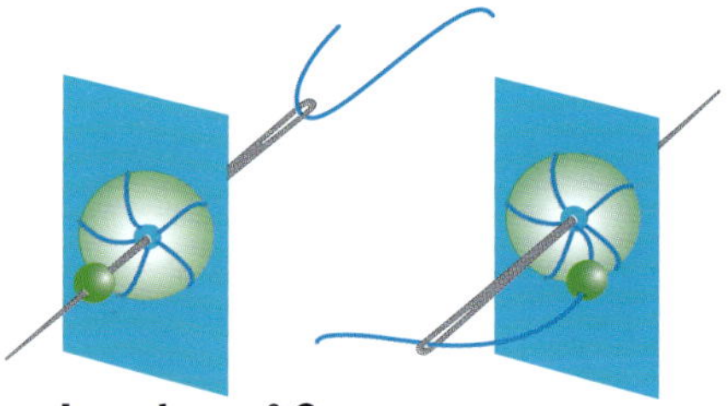

Le ruban n° 3
Cousez tous les 1 cm une petite paillette verte maintenue par une perle verte.

Le ruban n° 4
Cousez de chaque côté du cadre 2 perles à facettes vertes espacées de 1,5 cm.

Le ruban n° 5
Cousez tous les 1 cm, une paillette vert clair maintenue par une perle de rocaille verte.

Le ruban n° 6
Cousez à 1,5 cm des bords du cadre deux perles bleues à facettes.

Le ruban n° 7
Cousez deux grosses paillettes comme sur le ruban n°1.

Le ruban n° 8
Cousez tous les 1,5 cm des petites paillettes plates vert clair par trois points en étoile.

Le ruban n° 9
Cousez tous les 2,5 cm des perles à facettes bleues.

Le ruban n° 10
Cousez tous les 1,5 cm des paillettes à facettes vertes maintenues par une perle de rocaille verte comme sur le ruban n°5.

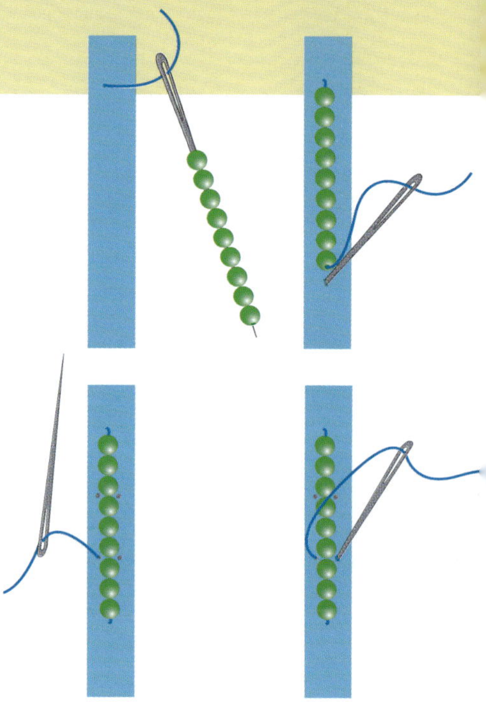

❸ Les espaces entre les rubans 1 et 2, 2 et 3, 5 et 6, 7 et 8, 9 et 10 sont décorés de rangées de perles de rocaille.
Piquez l'aiguille à l'envers du tissu et ressortez-la à l'endroit souhaité.
Enfilez 9 perles et repiquez dans le tissu juste après la dernière perle.
Ressortez à gauche de la troisième perle, piquez à droite ; ressortez à gauche de la sixième perle et piquez à droite : vous maintiendrez ainsi la rangée en place.
Continuez ainsi pour toute la rangée de perles en repartant juste après la neuvième perle.

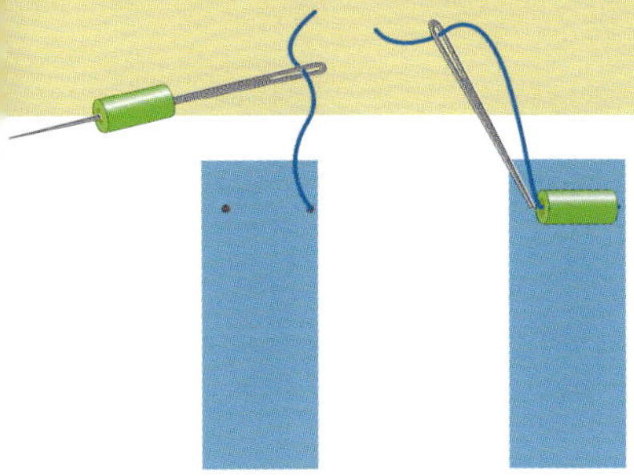

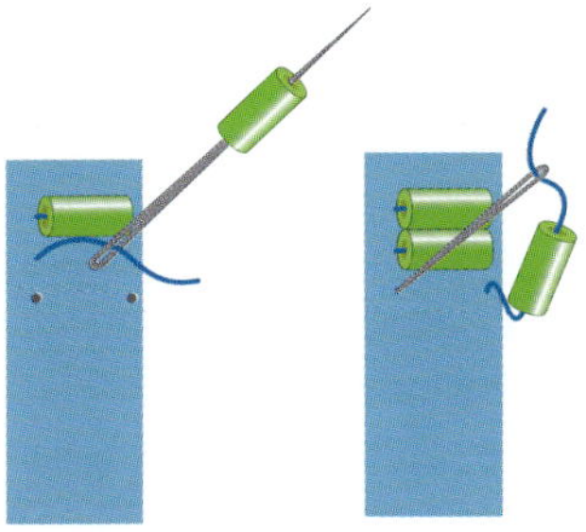

❹ Les espaces entre les rubans 3 et 4, et 8 et 9 sont décorés de rangées de bâtonnets verts.
Piquez l'aiguille à l'envers et ressortez à l'endroit souhaité, enfilez un bâtonnet sur l'aiguille et repiquez juste après. Ressortez juste en dessous, enfilez un bâtonnet et repiquez juste après. Continuez ainsi pour toute la longueur. L'espace entre les rubans 6 et 7 est décoré de grosses paillettes.

❺ Repliez et collez la seconde extrémité du ruban sur l'envers de la feutrine. Peignez les bords extérieurs et intérieurs du cadre, laissez sécher. Appliquez la colle sur la surface du cadre et fixez le cadre de feutrine.

Sur le même modèle et en suivant les mêmes explications, vous pouvez varier les couleurs des rubans, de décors et de feutrine. Ici, seuls les rubans sont décorés.

Ici, les rubans sont disposés en carrés et leurs extrémités sont tissées avant d'être collées sur la feutrine et décorées de paillettes carrées.

Photophores de dentelles *

FOURNITURES

POUR LE VERRE ORANGE

- *perles de rocaille orange transparentes*
- *perles à facettes orange*
- *paillettes orange transparentes*
- *petites perles rondes roses*
- *dentelle au mètre de 7 cm de large*
- *tissu d'organdi orange*
- *verre à moutarde*
- *colle en bombe*
- *colle à tissu*
- *fil assorti à la dentelle*
- *encre de couleur rouge primaire, jaune*
- *un petit rouleau en mousse*
- *un mètre ruban*

1 Avec le mètre ruban, mesurez la circonférence du verre ; reportez cette mesure sur la dentelle et coupez-la. Posez la dentelle sur une feuille de papier. Versez dans une assiette dix gouttes d'encre rouge et 2 gouttes d'encre jaune, diluez avec un peu d'eau et imprégnez le rouleau en mousse. Teignez les deux faces de la dentelle et suspendez-la pour la faire sécher.

2 Découpez deux bandes d'organdi orange de la taille de la circonférence du verre et de sa hauteur. Épinglez la dentelle en haut de la première bande et cousez les perles rondes en suivant les motifs de la partie supérieure de la dentelle. Décorez ensuite le centre avec les perles de rocaille et les perles à facettes. Fixez à intervalles réguliers les paillettes transparentes avec une perle (voir p. 22). Cousez des petites perles rondes sur le bas de la dentelle ainsi que quelques perles à facettes.

Pour placer la bougie dans le verre le plus haut, plantez une pique à brochette dans la bougie, allumez la bougie, déposez-la à l'aide de la pique au fond du verre, maintenez-la en place avec une deuxième pique pour retirer la première pique. La bougie est en place.

3 Vaporisez de la colle en bombe sur la deuxième bande de tissu et contrecollez les deux tissus. Appuyez pour bien faire adhérer. Enduisez de colle à tissu toute la hauteur de la bande sur 5 mm et superposez les deux extrémités pour former le cylindre que vous enfilerez sur le verre.
Placez une bougie chauffe-plat à l'intérieur du verre.

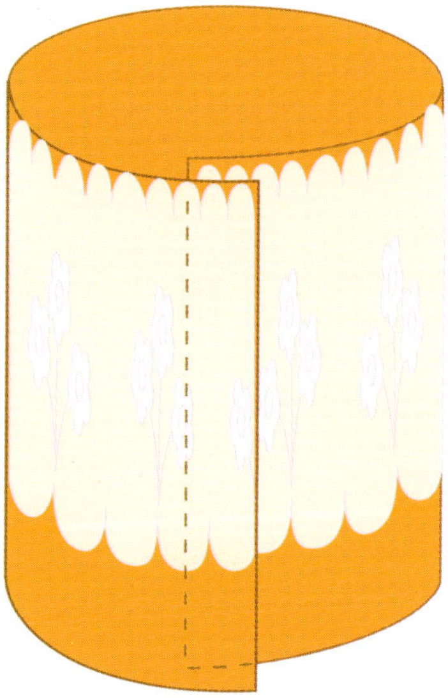

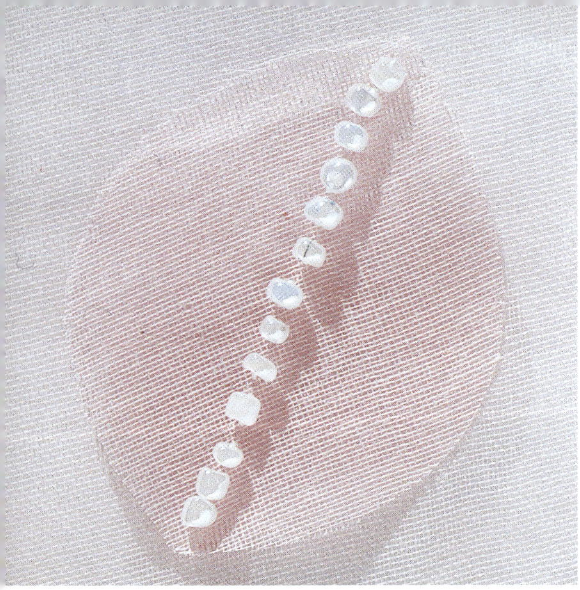

Rideau perlé *

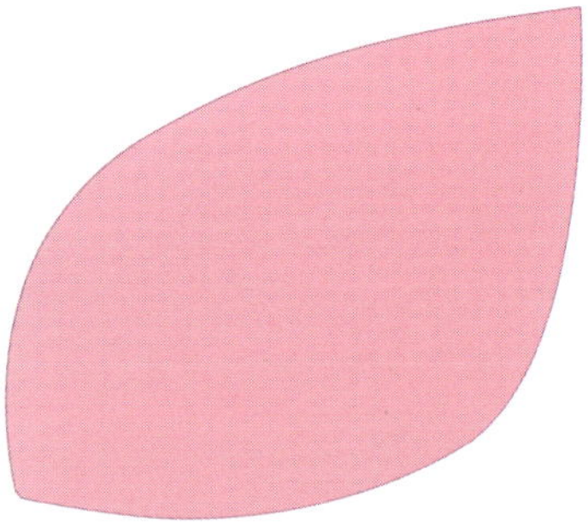

FOURNITURES

- *grosses paillettes transparentes*
- *perles de rocaille blanc irisé*
- *panneau d'organdi de la taille de votre fenêtre ou du carreau que vous souhaitez couvrir + 15 cm pour les feuilles*
- *fil blanc*
- *aiguille*
- *crayon à tissu blanc*

1 À 6 cm de chaque côté du panneau, tracez au crayon à tissu une ligne verticale. Tracez une troisième ligne au milieu des deux premières. Vous obtenez ainsi les trois lignes sur lesquelles vous allez disposer les feuilles.

2 Sur toute la hauteur du panneau, marquez un repère tous les 6 cm environ, en essayant de tomber sur un chiffre rond : vous obtenez ainsi le nombre de feuilles à découper. Chaque point désigne l'emplacement d'une feuille. En vous aidant du modèle, découpez le nombre de feuilles nécessaire. Pliez-les en deux le long de la nervure et épinglez-les en place en les orientant alternativement dans un sens puis dans l'autre.

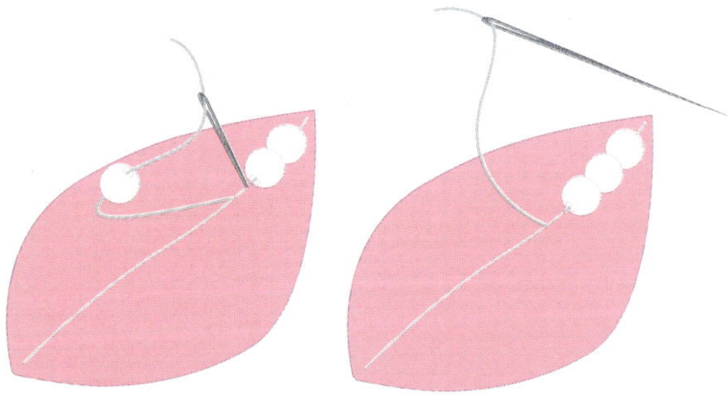

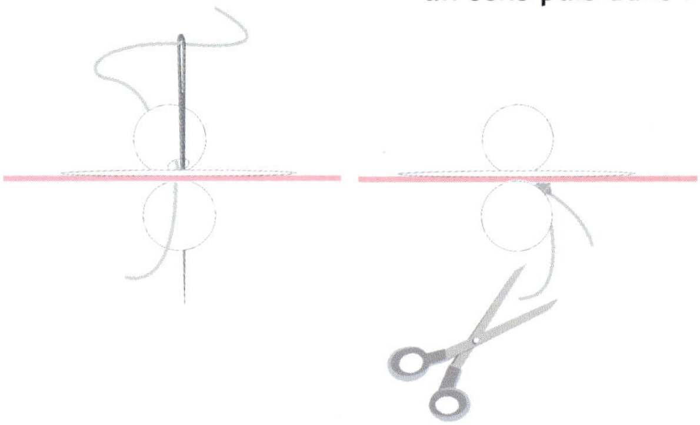

3 Appliquez les feuilles en brodant un rang de perles blanc irisé le long de la nervure. Lorsque vous brodez le rang de perles, essayez d'aligner vos points de façon à dessiner une ligne bien droite sur l'envers du tissu, car elle se verra de l'extérieur.

4 Éparpillez une trentaine de paillettes au hasard sur le rideau en les faisant tenir avec des perles sur les deux côtés : piquez de l'envers vers l'endroit en laissant 4 cm de fil, enfilez la paillette, enfilez la perle, repiquez dans la paillette, enfilez une perle sur l'envers du tissu et faites un petit nœud serré avec le fil se trouvant sur l'aiguille et celui se trouvant sur l'envers. Coupez à ras du fil. Repassez délicatement le rideau sur l'envers avant de l'accrocher à la fenêtre.

Bob fleuri*

FOURNITURES

- *cabochons en forme de losange turquoise, verts, roses, violets, transparents*
- *petites paillettes plates roses, turquoise, bleues, violettes, orange*
- *perles de rocaille opaques vertes, roses, oranges, turquoise, violettes*
- *5 boutons en forme de fleur, de feuilles et de ronds*
- *5 gros strass*
- *grosses perles rondes ou à facettes roses, vertes, turquoise, orange, rose vif*
- *5 grosses paillettes*
- *quelques bâtonnets verts*
- *miroirs shisha verts, orange, roses, mauves, turquoise*
- *feutrine orange, turquoise, verte, rose, rose fuchsia*
- *ruban de satin de 1 cm de large violet, kaki, orange, rose, turquoise (5 x 12 cm)*
- *un bob en velours ou en coton*
- *Fils assortis*

Le décor de ce chapeau repose sur la récupération de perles, boutons, paillettes, etc.
Les fournitures ne sont donc données qu'à titre indicatif, et les assortiments de couleurs dépendent de votre goût.

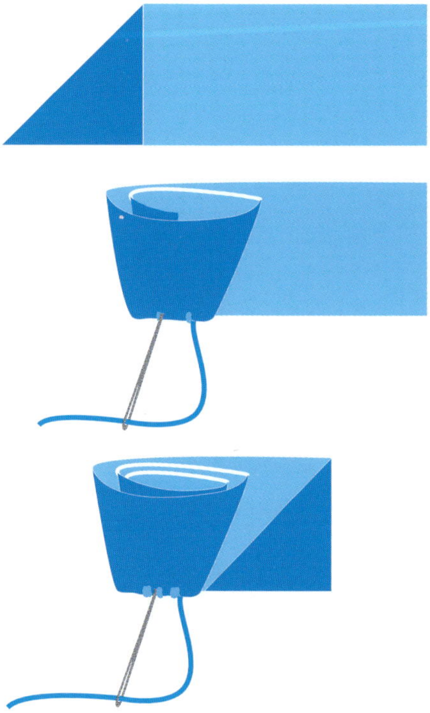

1. Divisez la circonférence du chapeau en 5 pour former 5 parties égales sur lesquelles vous répartirez les motifs du chapeau. Fabriquez les 5 miroirs shisha (voir p.16). Pour les 5 rosettes en ruban de satin, procédez ainsi : coupez 12 cm de ruban, pliez une extrémité à angle droit, tournez deux fois autour de la pliure et piquez l'aiguille plusieurs fois sous la rosette pour faire tenir. Continuez ainsi en tournant, en serrant de moins en moins le ruban et en consolidant dans le bas pour faire tenir. Pour finir, repliez le bout du ruban à angle droit et arrêtez le fil par un nœud.

2. Cousez les cinq motifs dans l'ordre suivant : 1 strass entouré de perles rondes ; 1 miroir shisha vert entouré de petites paillettes tenues avec des perles ; 1 rosette avec deux cabochons en forme de losange ; 1 bouton (ou une création à partir d'un bouton) ; 1 rondelle de feutrine de 1,5 cm de diamètre fixée par une grosse paillette et une perle, entourée de perles de rocaille opaques. Continuez ainsi en variant les couleurs, pour faire le tour du bob.

Jean, franges et perles ★★

FOURNITURES

LE SAC

- *petites paillettes bleues à facettes turquoise transparentes*
- *petites paillettes bleu foncé à facettes*
- *perles de rocaille vert anis transparentes*
- *perles de rocaille bleu foncé*
- *grosses perles rondes rose vif irisé*
- *tissu en jean de 48 x 29 cm*
- *1,56 m de gros-grain rose vif de 1,6 cm de large*
- *1 aiguille fine*
- *fil rose et bleu foncé*
- *1 crayon bleu à tissu*

Pour renforcer les anses, pliez-les en deux à 3 cm du bord du sac et faites une couture tout le long.

Vous pouvez fermer ce sac par un petit bouton-pression cousu à l'intérieur, juste derrière une paillette.

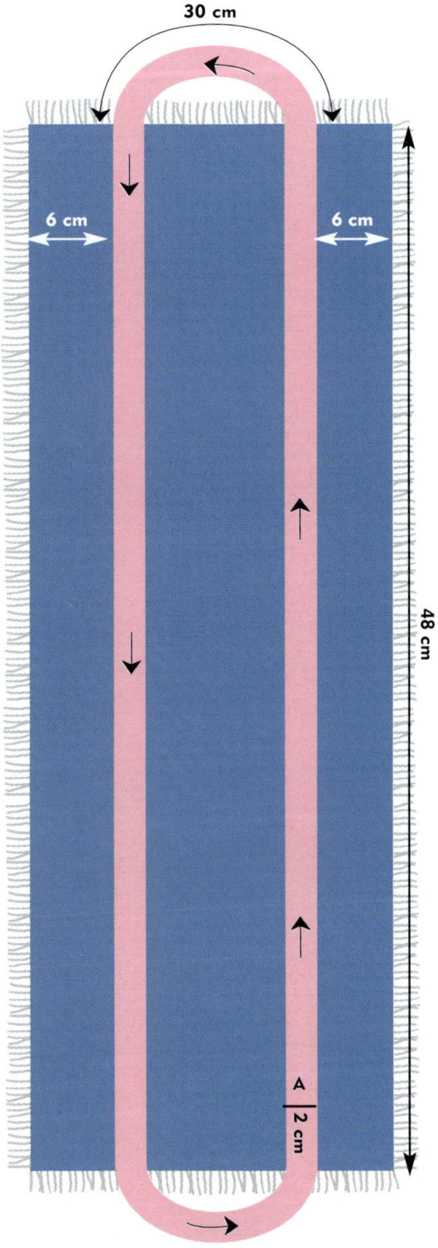

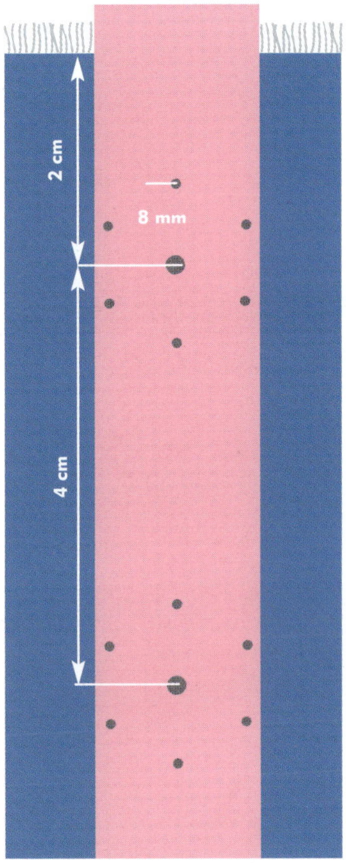

❶ Effrangez les 4 côtés du morceau de jean sur 6 mm. Cousez le gros-grain sur le tissu en commençant et en finissant au point A.

❷ Sur le gros-grain, à 2 cm de la frange du haut, faites un point au crayon, puis un autre tous les 4 cm : ils indiquent le centre des fleurs. Autour de ce point, marquez les 6 points correspondant aux 6 pétales.

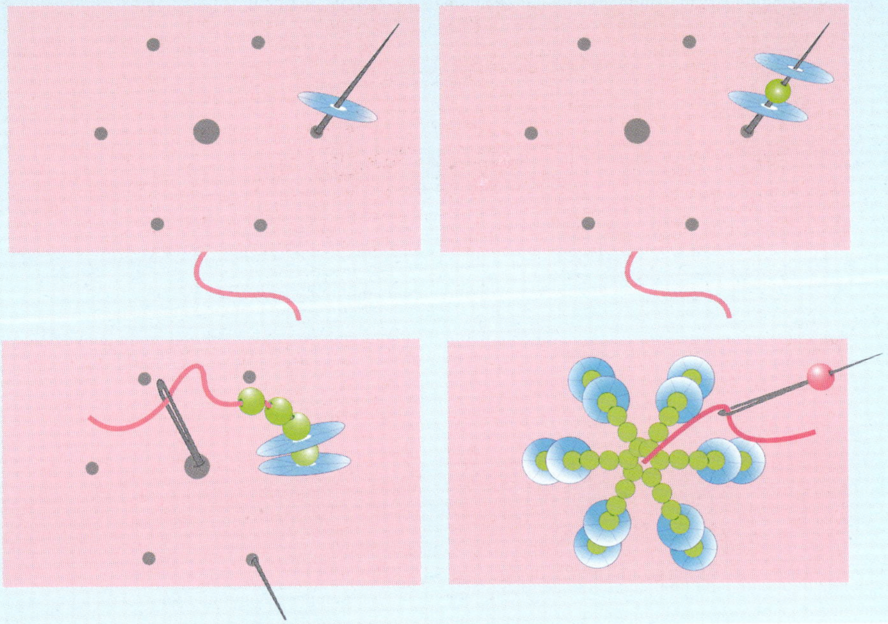

3 Brodez 5 fleurs sur chaque gros-grain (vous broderez donc en tout 20 fleurs) : piquez l'aiguille de l'envers vers l'endroit à l'emplacement d'un pétale. Enfilez une paillette bleu turquoise, côté creux face au tissu, puis une perle de rocaille verte et une autre paillette dans le sens inverse de la première, côté creux vers vous. Enfilez 3 perles et piquez au centre de la fleur. Ressortez au point indiquant le pétale suivant. Continuez de la même façon pour réaliser les 6 pétales de la fleur. Ressortez avec l'aiguille au centre de la fleur, enfilez la grosse perle rose et repiquez au centre pour former le cœur.

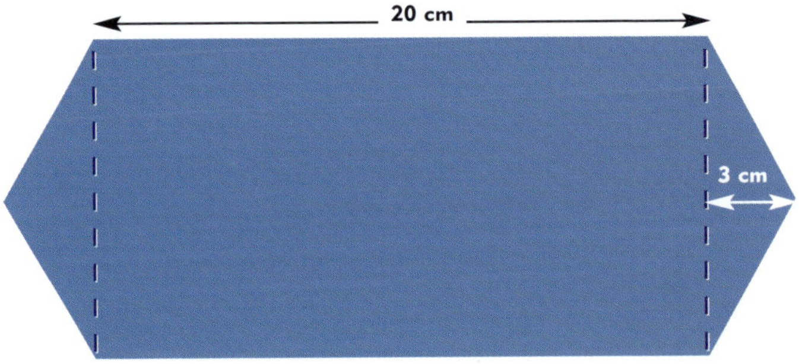

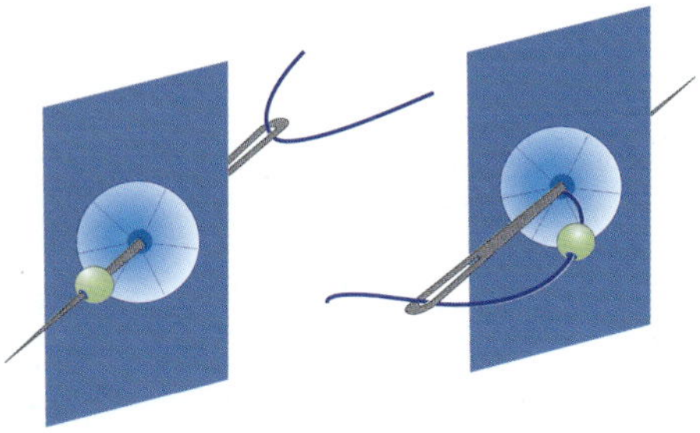

4 Cousez avec le fil bleu les paillettes sur tout le sac en les dispersant au hasard et en les espaçant d'environ 2 cm. Fixez chaque paillette avec une perle côté creux vers vous.

5 Fermez le sac par deux coutures latérales à 5 mm des franges. Retournez le sac sur l'envers et repliez de chaque côté de la base du sac un triangle de 3 cm de hauteur. Cousez le long de la base. Vous formerez ainsi la base du sac.

FOURNITURES

ÉTUI À PORTABLE

- *mêmes perles, paillettes et gros-grain que pour le sac*
- *tissu en jean de 30 x 10 cm (ou aux mesures de votre portable)*

❶ Effrangez les quatre côtés du morceau de jean sur 6 mm. Cousez au milieu une bande de gros-grain rose. Si vous craignez de ne pas coudre droit, vous pouvez au préalable tracer une ligne au crayon à tissu.

❷ Au crayon à tissu, tracez un repère à 7 cm du bord supérieur : il représente le centre d'un cercle de 2,5 cm de diamètre. Dessinez ce cercle et divisez-le en 6 quartiers égaux. Divisez chaque quartier en 2 puis tracez un repère au milieu de chaque rayon.

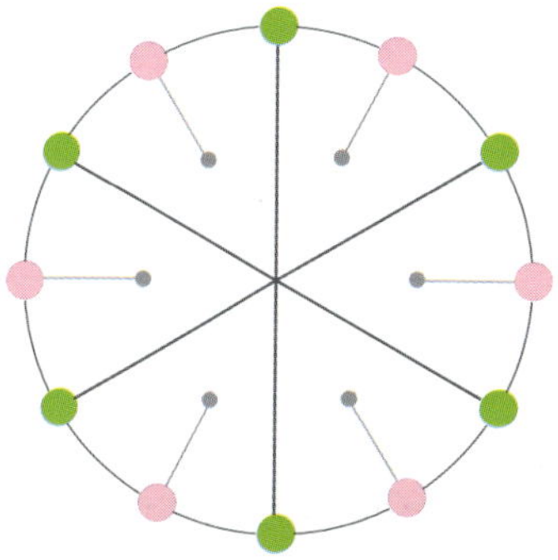

❸ Pour broder la fleur, procédez comme pour le sac (étape 3). Piquez un point sur le cercle extérieur (en vert sur le schéma) de l'envers vers l'endroit. Enfilez une paillette turquoise, côté creux face au tissu, puis une perle verte, une autre paillette côté creux vers vous et trois perles. Piquez et ressortez au même endroit, puis recommencez la même opération et terminez en piquant au centre de la fleur. Ressortez sur un point vert et brodez ainsi les 6 pétales principaux. Lorsque le sixième pétale est réalisé, sortez l'aiguille en un point se trouvant sur le cercle extérieur, équidistant de deux points verts (repères roses sur le schéma). Brodez à nouveau le motif et piquez au milieu du rayon partant de ce point. Faites ainsi les 6 pétales intermédiaires de la fleur.

❹ Disposez les paillettes et les perles bleues sur la pochette comme vous l'avez fait pour le sac. Pliez la pochette en deux, envers contre envers, et fermez les côtés par une couture, à 5 mm des franges.

Foulards en organza**

FOURNITURES

LE FOULARD PRUNE

- *paillettes fuchsia, dorées, violettes*
- *perles mordorées, rouge foncé*
- *36 x 130 cm d'organza prune*
- *1 aiguille fine*
- *fil prune*
- *crayon à tissu blanc*

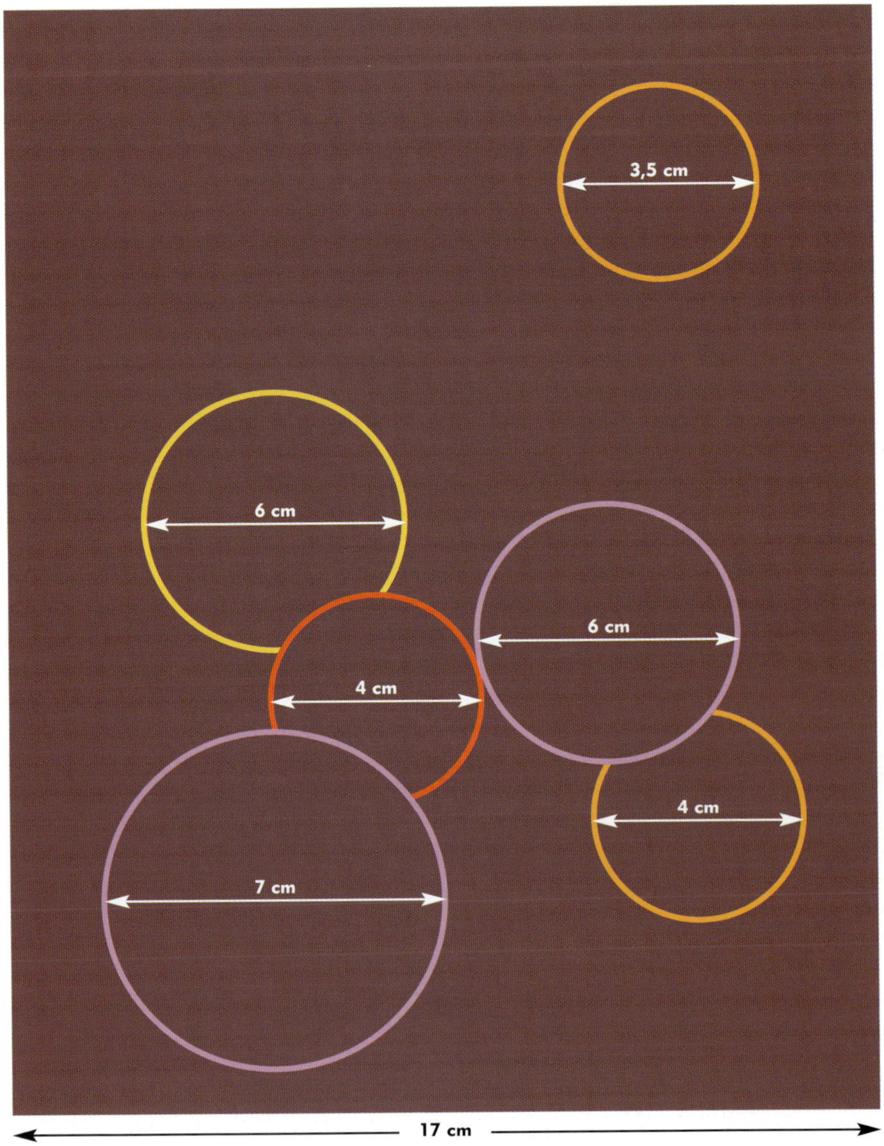

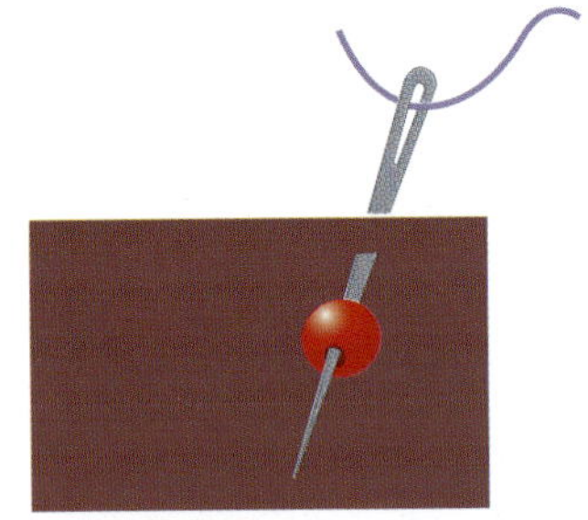

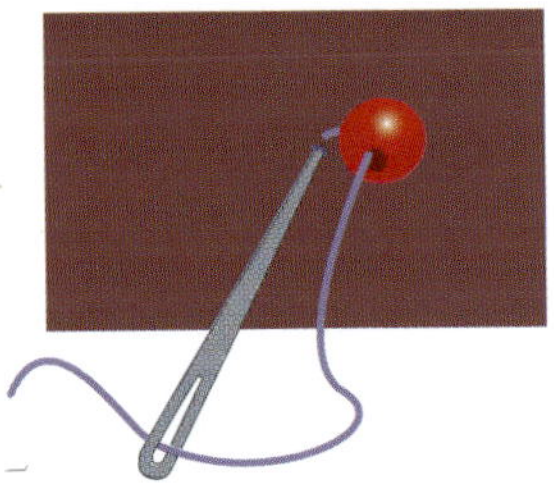

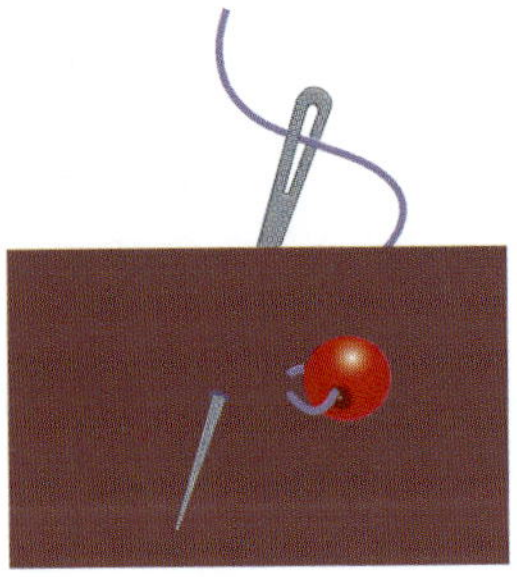

1 Pliez le tissu en deux dans le sens de la longueur et faites une marque pour indiquer la moitié.

2 Agrandissez le modèle de 112 %, placez ce patron en dessous du tissu et tracez les motifs en transparence au crayon blanc.

3 Appliquez les perles une à une en cercles concentriques. Fixez les paillettes. Fermez le foulard par une couture cachée (voir p. 9).

FOURNITURES

LE FOULARD BORDEAUX

- *perles de rocaille violettes, orange foncé, rouge foncé*
- *paillettes rouge foncé, rouge mat, violettes*
- *36 x 130 cm d'organza bordeaux*
- *1 aiguille fine*
- *fil bordeaux*
- *crayon à tissu blanc*

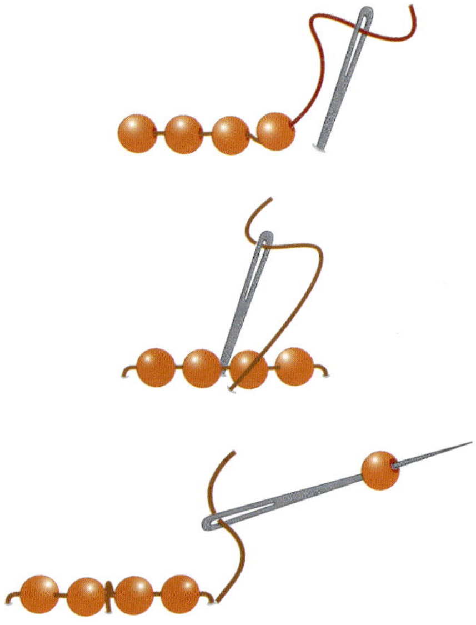

❶ En vous aidant du modèle, tracez au crayon blanc les lignes du motif sur le foulard.

❷ Appliquez les perles de la façon suivante : passez l'aiguille par l'envers du tissu, enfilez 4 perles et repiquez le tissu. Ressortez pour faire un petit point à cheval entre la deuxième et la troisième perle, puis ressortez sur la même ligne, devant la série de quatre perles.

❸ Appliquez les paillettes avec des perles selon le schéma p. 22, en les disposant au hasard le long des tiges et en alternant les couleurs.

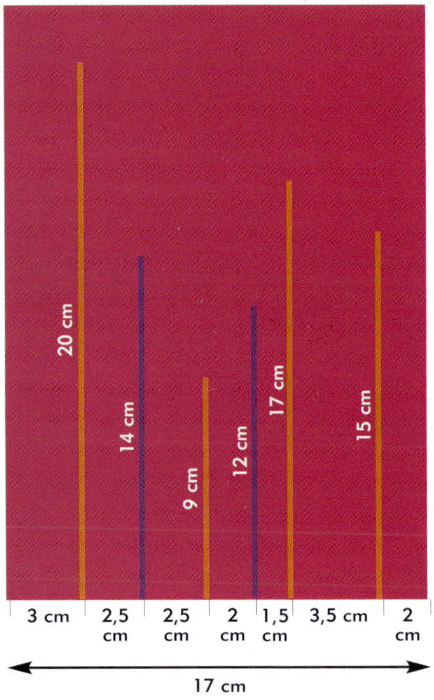

❹ Pliez le foulard en deux envers contre envers, faites une couture à 2 mm du bord. Ne fermez pas les deux extrémités où se trouvent les lisières. Retournez le foulard endroit contre endroit. Refaites une couture à 3 mm du bord. Fermez l'une des extrémités avec une couture. Retournez le tout et fermez l'autre extrémité avec une couture cachée (voir p. 9).

FOURNITURES

LE FOULARD KAKI
- *paillettes bordeaux, orangées, dorées*
- *perles de rocaille rouge foncé, mordorées, dorées*
- *36 x 130 cm d'organza kaki*
- *1 aiguille fine*
- *fil kaki*
- *crayon à tissu blanc*

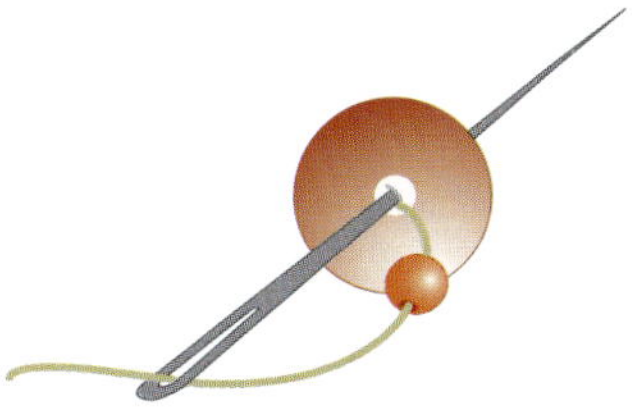

1 Faites un ourlet de 5 mm tout autour du foulard. Agrandissez le motif à la bonne taille et placez-le sous le tissu. Avec le crayon blanc, tracez le motif une première fois. Tournez légèrement le patron et tracez le motif une deuxième fois, puis de la même façon une troisième fois. Faites de même sur l'autre bord de l'écharpe.

2 Brodez les fleurs : commencez par le milieu en appliquant une paillette bordeaux et une perle rouge foncé. Continuez ainsi pour fixer les paillettes orangées et dorées et les perles de rocaille dorées. Faites l'inverse sur l'autre bord du foulard : commencez par les paillettes dorées puis orangées puis bordeaux.

3 Pour finir, brodez en les espaçant et en les alternant régulièrement, des groupes de 3 perles rouge foncé, mordorées et dorées sur l'ensemble de l'écharpe.

Tissus imprimés ★★

FOURNITURES

LE PROTÈGE-CAHIER

- *paillettes et perles rouges, violettes, mauves, bleu foncé, roses*
- *1 cahier du format de votre choix*
- *tissu bleu à impression de papillons*
- *ruban bleu*
- *1 aiguille fine*
- *fil bleu*

❶ Recherchez un motif intéressant sur le tissu et tracez un rectangle de la taille du cahier ouvert tout autour. Vous pouvez fabriquer un cadre en évidant un rectangle au format du cahier dans un papier à dessin et le déplacer sur le tissu jusqu'à trouver une composition harmonieuse. Le motif ne doit pas nécessairement être complet.

❷ Choisissez des perles et des paillettes assorties aux couleurs du tissu. Disposez-les sur le motif pour mettre en valeur le dessin. Dessinez avec les perles des lignes continues se terminant en pointillé (le long des antennes ou des nervures des ailes par exemple). Définissez un ensemble de lignes cohérent, suivez-les toujours de la même façon. Placez des paillettes claires sur les zones foncées et des paillettes foncées sur les zones claires. Remplissez quelques zones d'un amas de paillettes et dispersez-en par endroits en laissant quelques espaces vides pour permettre à l'œil de se reposer. Pour coudre les perles et les paillettes, reportez-vous aux p. 16 et 22.

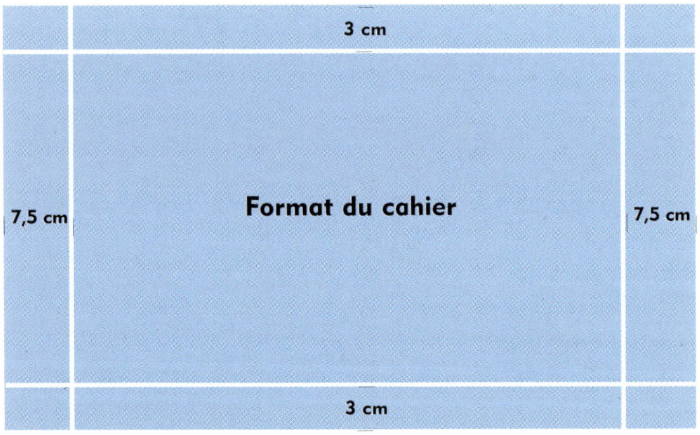

❸ Tracez un rectangle de la taille du cahier ouvert, englobant le motif que vous avez sélectionné. Ajoutez à la largeur deux fois 7,5 cm et à la hauteur deux fois 3 cm.

Faites tout autour un ourlet à 5 mm du bord pour empêcher le tissu de s'effilocher. Collez deux rectangles de ouatine sur les deux couvertures (avant et dos) du cahier.

❹ Pour fermer les côtés, repliez les deux rabats de 7 cm endroit contre endroit et faites une couture à 2,5 cm du bord. Retournez le tout à l'endroit et donnez un coup de fer. Cousez les rubans à l'intérieur sur le rabat (au milieu). Enfilez le cahier dans son protège-cahier. Glissez les deux bandes de tissu, supérieure et inférieure, entre le cahier formé par les pages et la couverture cartonnée.

FOURNITURES

LA POCHETTE

- *paillettes et perles violettes, turquoise, roses,*
- *paillettes blanches*
- *perles transparentes, dorées, orange*
- *tissu imprimé à fleurs de 47 x 44 cm*
- *ruban rose*
- *1 aiguille fine*
- *fil rose*

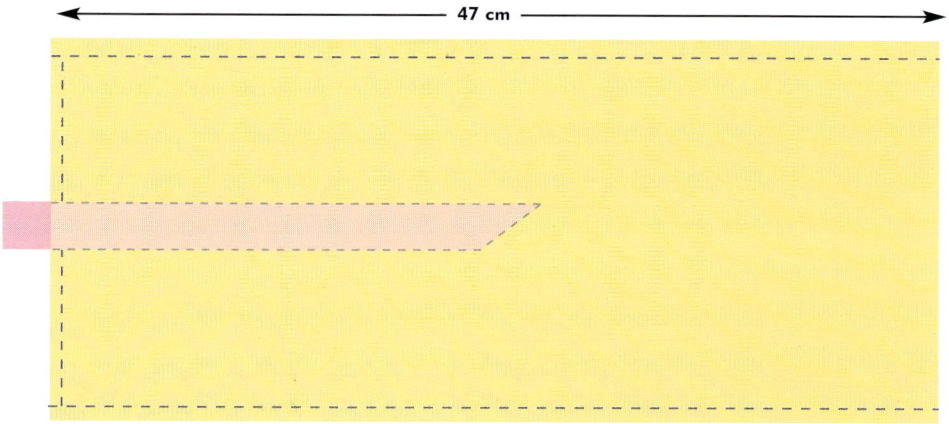

❶ Isolez un motif en procédant de la même façon que pour le protège-cahier (p. 38). Découpez deux rectangles de tissu de 22 x 47 cm. Comme pour le protège-cahier, brodez les motifs en appliquant des perles dorées sur les nervures des feuilles et les séparations entre les pétales. Appliquez des perles orange sur les pistils.

❷ Cousez les deux rectangles endroit contre endroit en laissant un côté ouvert. Intégrez un des rubans roses dans la couture. Retournez le tout à l'endroit. Introduisez un rectangle de ouatine de 20 x 45 cm entre les deux parties de la pochette. Repliez le côté non cousu vers l'intérieur et faites une couture sur l'endroit près du bord.

❸ Pliez la pochette en trois. Assemblez les deux bords extérieurs au point de feston avec du fil rose (voir p. 8) et cousez le deuxième ruban pour fermer la pochette.

FOURNITURES

LE SAC EN BANDOULIÈRE

- *paillettes bleues, blanches et vertes*
- *perles de rocaille bleues, blanches, vertes et roses*
- *perles à facettes roses*
- *perles tubulaires roses*
- *rectangle de tissu imprimé de 20 x 48 cm*
- *rectangle de tissu rose de 20 x 48 cm*
- *220 cm de cordelette fine rose*
- *rectangle de ouatine de 18 x 46 cm*

1 Cousez les perles et les paillettes sur l'imprimé en procédant comme pour les deux réalisations précédentes. Groupez les paillettes par zones de couleurs. Réalisez des lignes pleines et des pointillés avec les perles.

2 À 5 mm du bord, assemblez les deux rectangles de tissu endroit contre endroit en laissant une des largeurs ouvertes. Retournez le tout à l'endroit et donnez un coup de fer à repasser tout autour pour aplatir les coutures.

3 Enfilez le rectangle de ouatine dans la poche ainsi formée. Après avoir replié les bords vers l'intérieur sur 5 mm, fermez l'ouverture par une couture apparente à l'endroit, à 3 mm du bord. Faites la même couture sur l'autre largeur.

4 Repliez le sac en deux, doublure vers l'intérieur et fermez les deux côtés par une couture apparente à 3 mm du bord. Pliez la cordelette en deux et assemblez les deux parties par des perles roses espacées d'environ 2 cm. Cousez la bandoulière à l'intérieur du sac.

Ceintures à fleurs ★★

FOURNITURES

LA CEINTURE EN SOIE ROUGE

- *perles de rocaille rouge irisé et bordeaux*
- *bâtonnets rouge irisé*
- *8 grosses paillettes plates rouges*
- *1 feuille d'aluminium épais ou du miroir souple*
- *24 x 84 cm de soie sauvage rouge*
- *6 x 60 cm de panne de velours rouge*
- *tissu thermocollant noir ou rouge*
- *mouliné DMC rouge 777*
- *joints à robinets (8 mm de diamètre intérieur)*
- *1 m de cordon rouge*
- *colle à tissu*
- *fil*
- *aiguille*

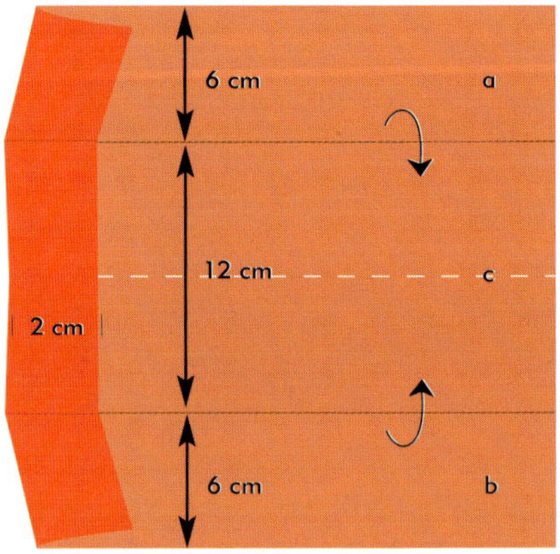

❶ Pliez la soie en suivant le schéma : repliez 2 cm à chaque extrémité, puis a et b sur la ligne c. Pliez ensuite en deux l'ensemble sur la ligne c.
Vous obtenez une bande de 6 cm. Coupez le cordon en 4. Épinglez les cordons de 25 cm de long en les espaçant de 2 cm à l'intérieur de chaque extrémité et cousez l'ensemble à 2 mm du bord.

❷ Pour préparer les 9 fleurs, suivez les explications 1 de la fleur rouge pour la découpe et l'utilisation du thermocollant, et les explications 1 de la fleur noire pour le décor. Au centre de chaque fleur, placez un petit miroir que vous fabriquerez selon les explications p. 14. Cousez-les au centre des fleurs.

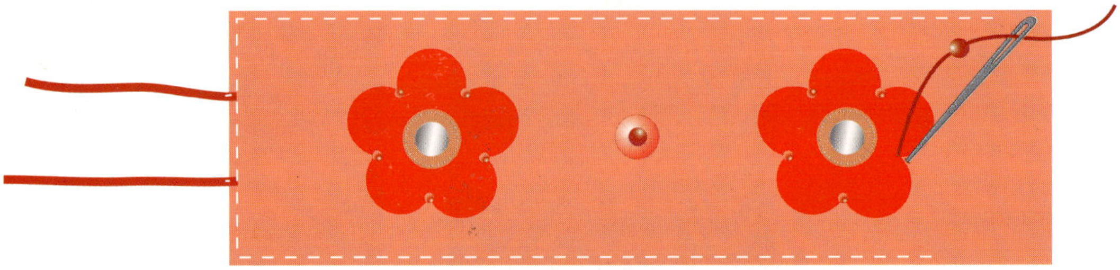

❸ Fixez les fleurs sur la ceinture en cousant une perle à facettes bordeaux au creux de chaque pétale, et intercalez une grosse paillette rouge cousue avec une perle (voir p. 22) entre chaque fleur.

FOURNITURES

LA FLEUR NOIRE

- *petits bâtonnets noir irisé*
- *grands bâtonnets noir irisé*
- *paillettes à facettes bleu marine*
- *perles de rocaille noires*
- *petites perles à facettes noir irisé*
- *grosses perles à facettes noir irisé*
- *1,50 m de ruban de velours noir de 2 cm de large*
- *15 x 30 cm de laine polaire noire*
- *fil noir*
- *aiguille fine*
- *crayon à tissu*
- *carton fin*
- *papier-calque*

1 Décalquez les contours des trois tailles de fleurs et reportez-les sur du carton fin (voir p. 64). Posez chaque fleur en carton sur le tissu et dessinez-en les contours. Découpez soigneusement.

2 Décorez la plus grosse fleur avec les petits bâtonnets noir irisé et les grosses perles à facettes. Les grosses perles à facettes seront cachées par la fleur suivante et la soulèveront légèrement. Les petites perles à facettes sont disposées à chaque creux de pétale.

3 Pour la deuxième fleur, cousez les paillettes avec une perle (voir p. 22), les petites perles à facettes au creux des pétales et les grosses perles à facettes au centre.

4 Pour la petite fleur, utilisez les bâtonnets noir irisé et fixez les petites perles à facettes à chaque creux de pétale.

5 Superposez les trois fleurs. Piquez à l'envers à travers les trois épaisseurs, enfilez une grosse perle à facettes qui formera le cœur, puis repiquez à l'endroit et arrêtez la couture à l'envers.

6 Cousez la fleur à 35 cm de l'extrémité du ruban : fixez-la par un petit point, à l'arrière du cœur. Attachez votre ceinture en faisant un nœud sous la fleur.

FOURNITURES

LA FLEUR ROUGE

- *petites paillettes à facettes rouge vif*
- *perles de rocaille rouge irisé et bordeaux*
- *bâtonnets rouge irisé*
- *petites perles à facettes bordeaux*
- *1 grosse perle rouge irisé*
- *1,50 m de ruban de velours rouge framboise de 1,5 cm de large*
- *15 x 30 cm de panne de velours rouge*
- *tissu thermocollant bordeaux ou noir*
- *fil rouge*
- *aiguille fine*
- *carton fin*
- *crayon à tissu*
- *papier-calque*

1 Collez le tissu thermocollant sur l'envers de la panne de velours en suivant les explications du fabricant : vous lui donnerez ainsi plus de tenue tout en l'empêchant de s'effilocher. Décalquez les contours des trois tailles de fleurs et reportez-les sur du carton fin (voir p. 64). Posez chaque fleur en carton sur le tissu et dessinez-en les contours. Découpez soigneusement.

2 Décorez la plus grosse fleur avec des paillettes et des perles rouge irisé et fixez une petite perle à facettes bordeaux à chaque creux de pétale.

3 Décorez la deuxième fleur avec de petites perles de rocaille rouge irisé et fixez une petite perle à facettes bordeaux à chaque creux de pétale.

4 Pour la petite fleur, appliquez les bâtonnets rouge irisé et fixez une petite perle à facettes bordeaux à chaque creux de pétale.

5 Formez trois franges de 6, 7 et 3 cm en perles bordeaux et deux franges de 4 et 8 cm en perles rouge irisé. Réunissez les trois fleurs et cousez-les sur le ruban.

Débardeurs fleuris*

FOURNITURES

LE DÉBARDEUR MAUVE

- *petites paillettes rose vif et argentées*
- *perles de rocaille mauves opaques, violettes opaques, roses transparentes, argentées*
- *fil mauve*
- *aiguille fine*

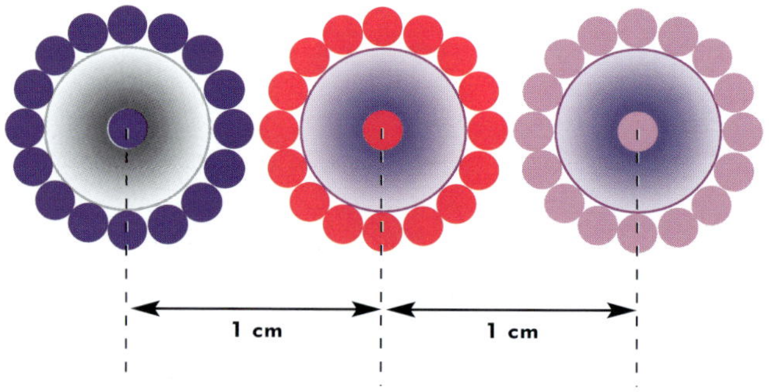

❶ Voici le motif à reporter sur les bretelles et le col du débardeur. Commencez par broder les fleurs sur une des bretelles en partant du dos, continuez par le devant, puis l'autre bretelle et terminez par l'arrière de la deuxième bretelle.

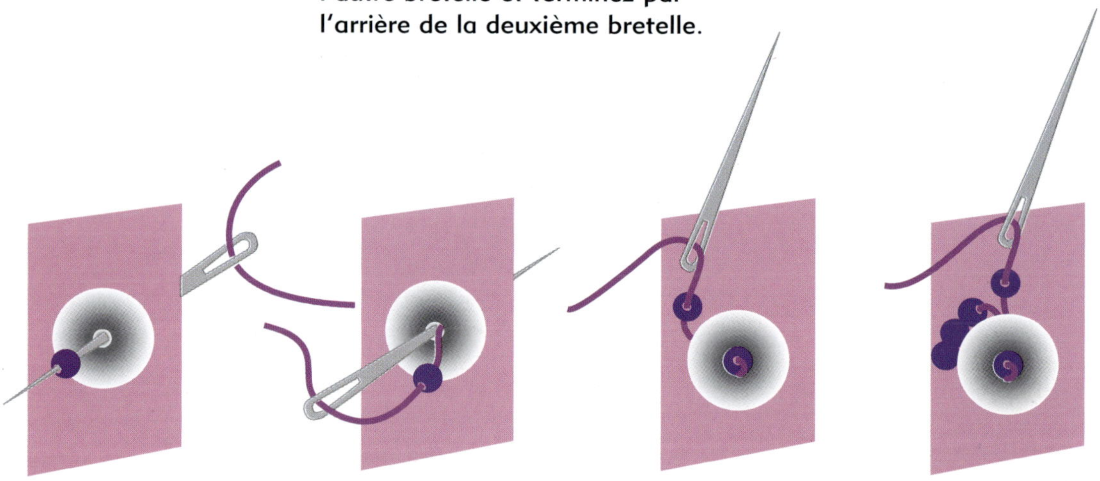

❷ Enfilez 50 cm de fil mauve sur une aiguille fine et commencez à coudre le motif sur une des bretelles en partant du dos. Piquez de l'envers du tissu vers l'endroit, enfilez sur l'aiguille la paillette puis la perle, et repassez le fil dans le trou de la paillette. Fixez l'ensemble par un petit point à l'envers du tissu, derrière la paillette.

❸ Pour placer les pétales, ressortez l'aiguille sur le côté de la paillette, enfilez une perle violette, repiquez juste après la perle, puis ressortez au même endroit pour enfiler la perle suivante. Continuez ainsi tout autour de la paillette puis terminez par un petit nœud à l'envers du tissu.

FOURNITURES

LE DÉBARDEUR BLEU CIEL

- *petites paillettes en forme d'étoiles, argentées à trou latéral*
- *grosses perles argentées transparentes*
- *petites perles de rocaille bleues opaques*
- *fil bleu ciel*
- *aiguille fine*

Lorsque vous passez d'une étoile à l'autre, au niveau des bretelles notamment, ne tirez pas trop sur le fil afin que les bretelles gardent leur élasticité.

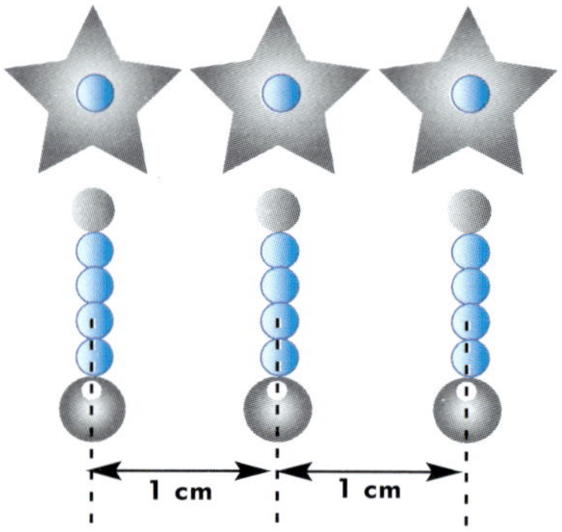

❶ Voici le motif à reporter sur les bretelles et le devant du débardeur. Commencez par broder une des bretelles en partant du dos, continuez par le devant, puis l'autre bretelle et terminez par l'arrière de la deuxième bretelle.

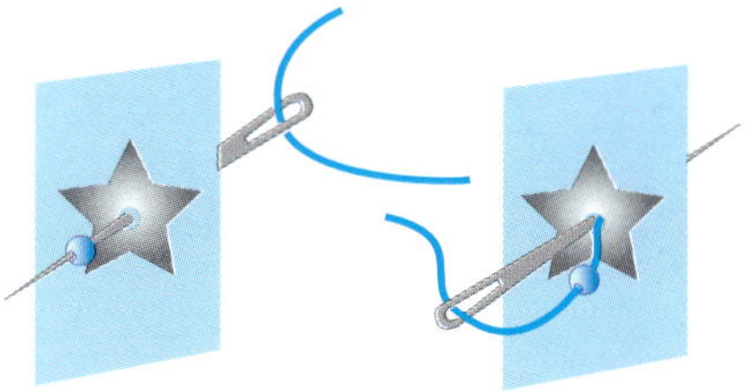

❷ Enfilez 50 cm de fil bleu ciel sur une aiguille fine et commencez à coudre le motif en partant de l'arrière d'une des bretelles. Piquez de l'envers du tissu vers l'endroit, enfilez sur l'aiguille une paillette étoile puis une perle bleue, et repassez dans le trou de l'étoile. Fixez l'étoile par un petit nœud à l'envers du tissu, derrière la paillette.

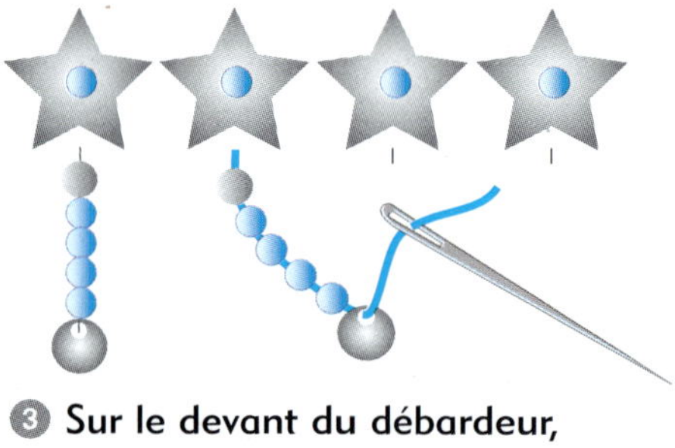

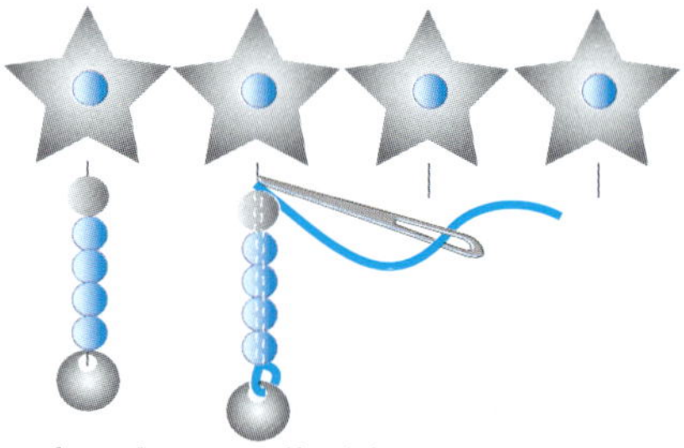

❸ Sur le devant du débardeur, en dessous de la rangée d'étoiles, tracez des repères au crayon tous les centimètres. Piquez l'aiguille à l'envers du tissu et ressortez-la à l'endroit d'un repère ; enfilez successivement la grosse perle argentée, 4 petites perles de rocaille bleues et la paillette. Passez par-dessus la paillette et repassez dans les perles. Repiquez à l'endroit du repère et ressortez dans le repère suivant. Répétez cette opération sur toute la largeur du devant du débardeur.

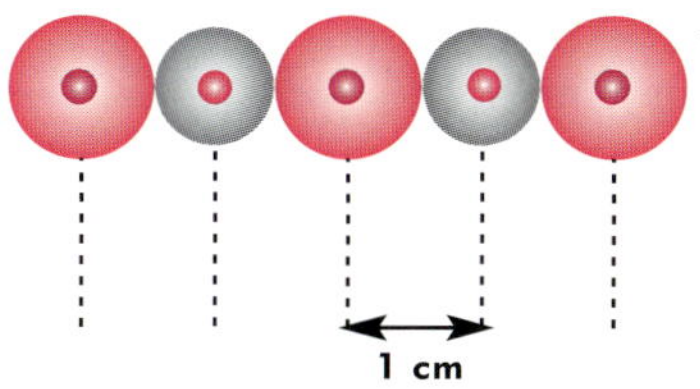

❶ Voici le motif à reporter sur les bretelles et le col du débardeur. Commencez par broder une des bretelles en partant du dos, continuez par le devant, puis l'autre bretelle et terminez par l'arrière de la deuxième bretelle. Placez d'abord les paillettes sur les bretelles et sur le devant de la même manière que les étoiles du débardeur bleu ciel (voir p. 48).

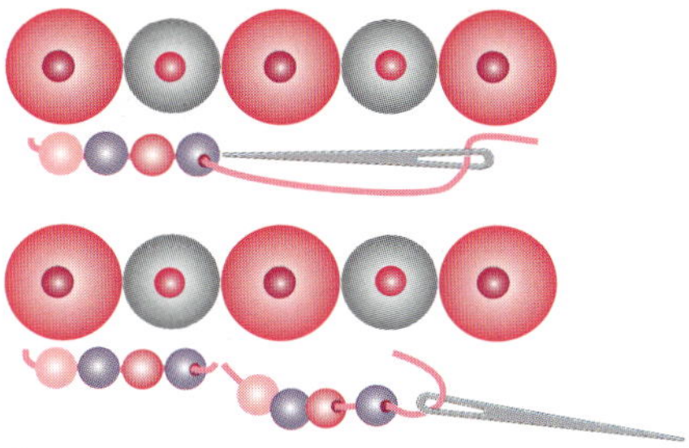

❷ Sous les paillettes, cousez une rangée de perles en alternant les couleurs : piquez de l'envers du tissu vers l'endroit, enfilez 4 perles et repiquez le tissu juste après la dernière perle. Ressortez l'aiguille au même endroit, enfilez à nouveau 4 perles et continuez ainsi sur toute la largeur du devant. Décorez le devant du débardeur avec les grosses paillettes roses en les répartissant au hasard.

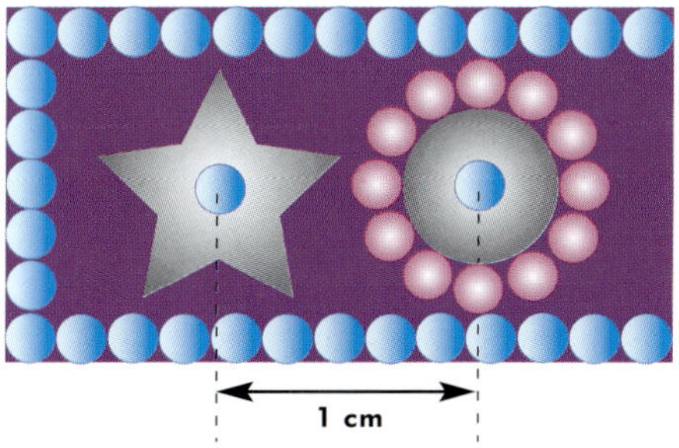

❶ Mesurez la largeur de votre poignet et reportez cette mesure au centre du ruban. Cousez le motif central en respectant le placement suggéré. Reportez-vous aux explications p. 46 et 48.

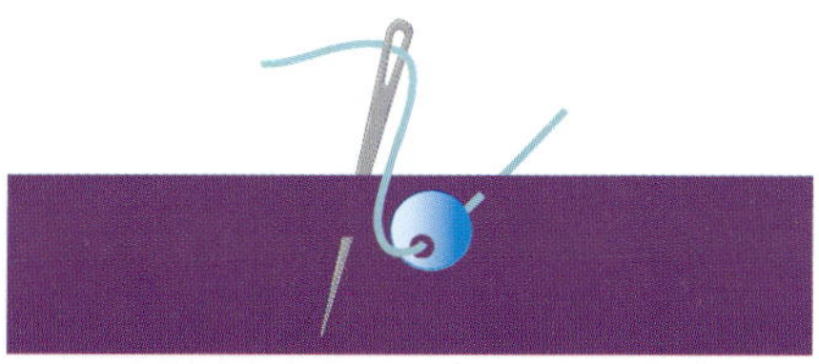

❷ Pour la bordure, cousez les perles une à une en passant le fil à cheval sur le bord du ruban. Vous fermerez ce bracelet en le nouant simplement autour de votre poignet.

FOURNITURES

LE DÉBARDEUR ROSE FONCÉ

- *grosses paillettes rose vif*
- *perles de rocaille roses transparentes, roses opaques, mauves transparentes*
- *fil rose foncé*
- *aiguille fine*

LE BRACELET

- *60 cm de ruban mauve de 15 mm de large*
- *petites paillettes rondes et en forme d'étoiles argentées*
- *perles de rocaille bleues et violettes opaques*

Tee-shirts de soirée★★

FOURNITURES

- *6 strass à coudre*
- *perles de rocaille vertes et bleu irisé*
- *perles rondes blanc nacré*
- *tee-shirt gris*
- *crayon à tissu blanc*
- *carton fin*
- *papier calque*
- *fil gris*
- *aiguille fine*

❶ Décalquez le papillon et reportez-le sur le carton fin ; découpez-le pour obtenir le gabarit du motif.

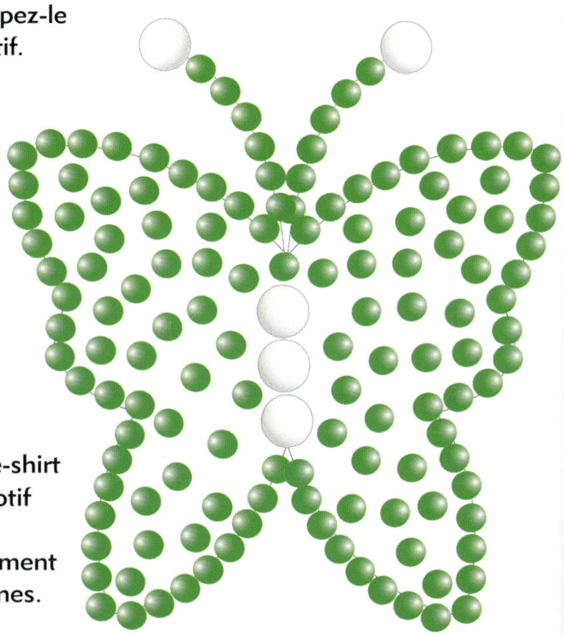

❷ Placez ce gabarit sur le tee-shirt et reportez plusieurs fois le motif du papillon au crayon à tissu. Marquez d'un point l'emplacement des strass. Dessinez les antennes.

❸ Cousez les perles sur chaque papillon en commençant par le contour. Alternez les papillons verts et bleus. Enfin, cousez les strass.

Ne tirez pas trop sur le fil lorsque vous brodez les papillons pour éviter de former des fronces.

FOURNITURES

TEE-SHIRT PRUNE

- *perles de rocaille roses transparentes*
- *paillettes à facettes rose foncé mat, violettes*
- *petites perles rondes rose vif*
- *tee-shirt prune*
- *crayon à tissu blanc*
- *carton fin*
- *papier-calque*
- *fil prune*
- *aiguille fine*

1 Décalquez le patron du papillon (voir p. 63) et reportez-le une première fois sur le carton fin, puis pour obtenir la deuxième moitié, reportez-le une deuxième fois le long de la ligne dessinant le corps du papillon. Découpez cette forme qui vous servira de gabarit.

2 Placez ce gabarit au centre du tee-shirt à 6 cm en dessous du col, et dessinez les contours au crayon à tissu. Dessinez également les antennes.

3 Cousez les perles de rocaille sur le contour et sur les antennes du papillon, puis fixez les paillettes à l'intérieur des ailes avec une perle (voir p. 46) selon les emplacements indiqués.
Le corps du papillon est formé d'une rangée de perles rondes rose vif et l'extrémité des antennes d'une paillette rose fixée avec une perle ronde rose vif.

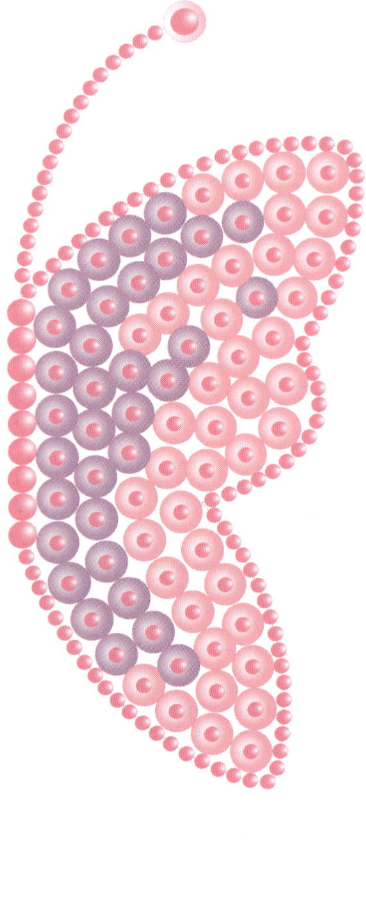

FOURNITURES

BROCHE PAPILLON

- *1 strass à coudre*
- *perles de rocaille vertes*
- *Soie noire*
- *tissu thermocollant noir*
- *attache de broche adhésive*
- *fil noir*
- *aiguille fine*

1 Collez le tissu thermocollant sur l'envers de la soie en suivant les explications du fabricant : vous lui donnerez ainsi plus de tenue tout en l'empêchant de s'effilocher.

2 Reportez le motif du papillon (voir schéma p. 50) sur du carton fin et découpez-le. Posez le gabarit en carton sur le tissu et dessinez-en les contours. Découpez soigneusement le papillon et brodez-le comme les papillons du tee-shirt gris. Cousez un strass au centre et collez à l'arrière une attache de broche adhésive.

Variantes

TEE-SHIRT ROSE

Suivez les mêmes indications que pour le tee-shirt prune en utilisant des perles orange, des paillettes violettes et orange, du fil rose, une aiguille fine.

TEE-SHIRT NOIR

Suivez les mêmes explications que pour le tee-shirt gris en utilisant 3 strass à coudre, des perles de rocaille argentées, du fil noir, une aiguille fine : les étoiles peuvent être placées comme les papillons ou alignées.

Tennis brodées ★★

FOURNITURES

- *perles de rocaille mauves, violettes, turquoise, vert anis, roses*
- *bâtonnets rose foncé, mauve clair, turquoise, vert anis, violet*
- *paillettes carrées*
- *paillettes rose foncé, rose clair, violettes, turquoise, vertes*
- *1 paire de tennis en toile*
- *fil assorti à la couleur des tennis*

1 Pour organiser le motif de façon harmonieuse, il vous suffit de suivre l'une des coutures d'assemblage des tennis. Les différents éléments du motif sont appliqués de la façon suivante : les paillettes sont cousues en croix avec le fil (voir p. 22) ; les rangées de perles sont enfilées trois par trois et alignées côte à côte ; les paillettes carrées sont fixées avec une perle ; les bâtonnets sont alignés horizontalement ou verticalement trois par trois.

2 Cousez autour du bord supérieur d'une tennis, toujours le long d'une couture, des perles de toutes les couleurs en les alternant : turquoise, rose, vert, violet, mauve.

3 Variez la disposition des paillettes, perles et bâtonnets en vous inspirant des exemples suivants.

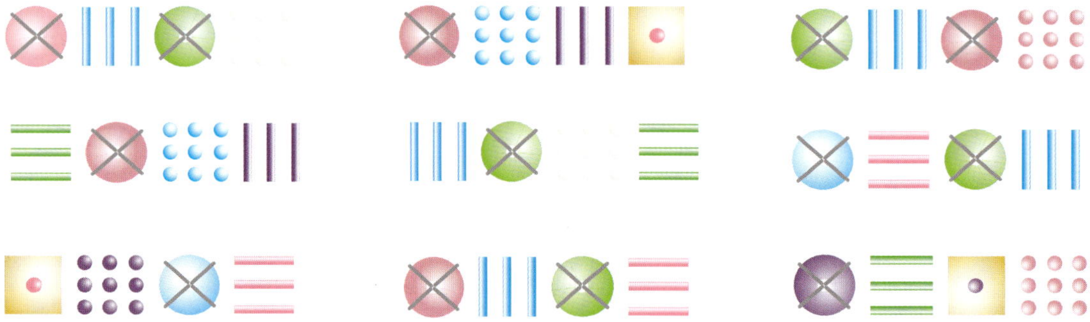

Vous pouvez broder le même type de motif sur d'autres chaussures en toile, des espadrilles ou des mules par exemple.

Pantalon de fête ★★★

FOURNITURES

- *grosses paillettes violettes à perforation latérale*
- *grosses paillettes plates rose vif*
- *petites paillettes à facettes orange*
- *perles à facettes violettes*
- *cabochons violets en forme d'étoile, losange, cœur, carré*
- *perles de rocaille orange, rouge foncé*
- *petites perles à facettes rouge foncé*
- *bâtonnets orange et rose foncé*
- *gros-grain orange et bordeaux de 1,5 cm de large*
- *ruban de satin rose de 5 mm de large*
- *mouliné DMC rose n° 917, orange n° 720, rouge foncé n° 814*
- *fils assortis*
- *aiguille fine*
- *crayon à tissu*

❶ Cousez un gros-grain orange le long du bord inférieur de chaque jambe, un gros-grain bordeaux à 4 cm du premier et un gros-grain orange à 1 cm du deuxième.

❷ Décorez le premier gros-grain orange de la façon suivante : à 3 mm du bord supérieur, épinglez le ruban de satin rose, puis, en suivant le modèle, appliquez-le en alternant une perle rose et une grosse paillette violette, tous les 1 cm environ, selon le tour de votre pantalon. Au-dessus du gros-grain, brodez un rang de point de chaînette (voir p. 8) bordeaux, un rang rose et un rang orange.

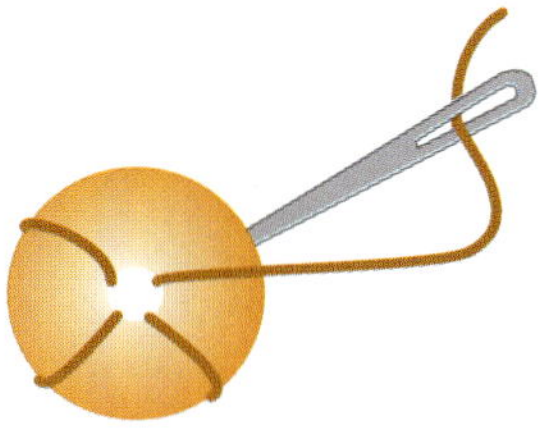

❸ Décorez le bord inférieur du gros-grain bordeaux avec une frange. Espacez chaque breloque d'environ 1 cm et enfilez les perles dans l'ordre suivant : une perle orange, une perle rouge, une perle orange, un bâtonnet orange ou rose foncé, deux perles orange, une perle à facettes rouge et une perle orange.

❹ Sur le gros-grain bordeaux, fixez, tous les 2 cm environ, des paillettes orange avec deux brins de mouliné bordeaux.

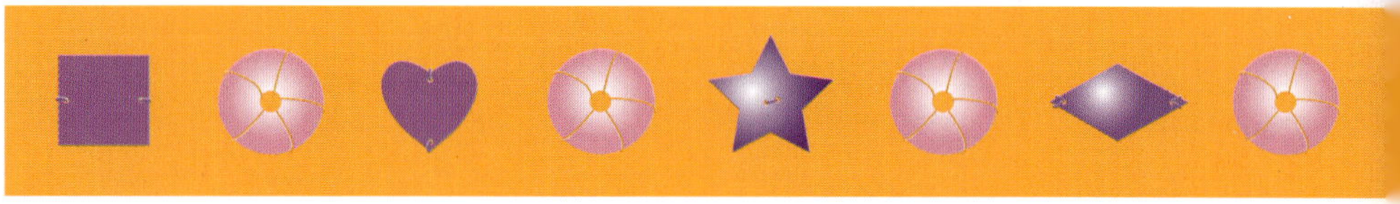

Utilisez toujours du fil très solide pour coudre les perles et les paillettes, et pensez à mettre le vêtement à l'envers pour le laver.

❺ Sur le deuxième gros-grain orange, appliquez, en les alternant, les cabochons et les grosses paillettes roses, en suivant le modèle.

❻ À 2 cm au-dessus du deuxième gros-grain orange, tracez une ligne au crayon à tissu et brodez dessus un rang de point de chaînette rose. En dessous, tous les 2 cm environ, fixez une grosse paillette violette.

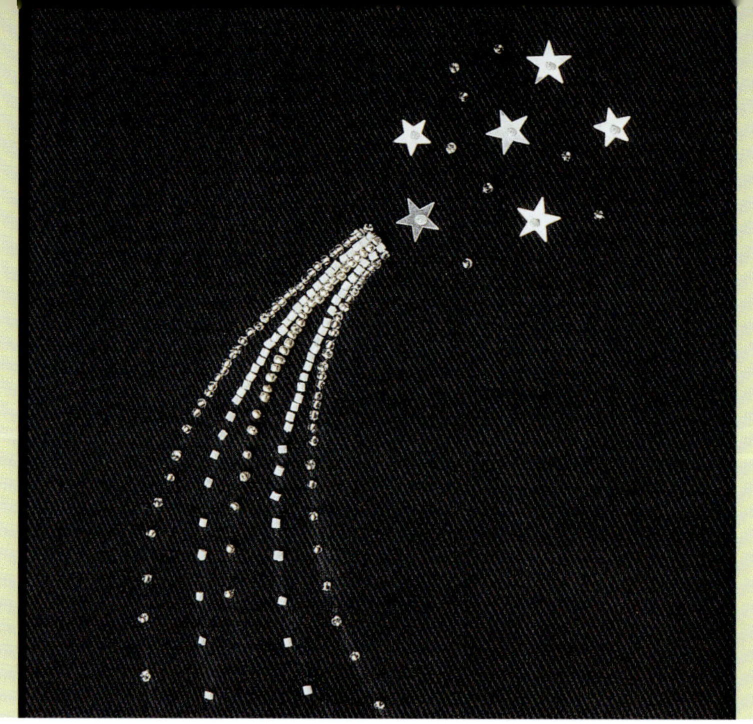

FOURNITURES

ÉTOILES FILANTES

- *6 paillettes en forme d'étoiles*
- *perles de rocaille argentées et irisées*
- *petits bâtonnets blancs*
- *crayon à tissu blanc*
- *papier-calque*
- *crayon*
- *aiguille fine*
- *fil blanc*

❶ Décalquez le motif sur le patron (voir p. 64), repassez à l'envers avec le crayon à tissu, puis reportez le dessin sur le tissu. Le motif apparaîtra en blanc sur le tissu. S'il n'est pas parfaitement net, retouchez-le pour le rendre bien visible.

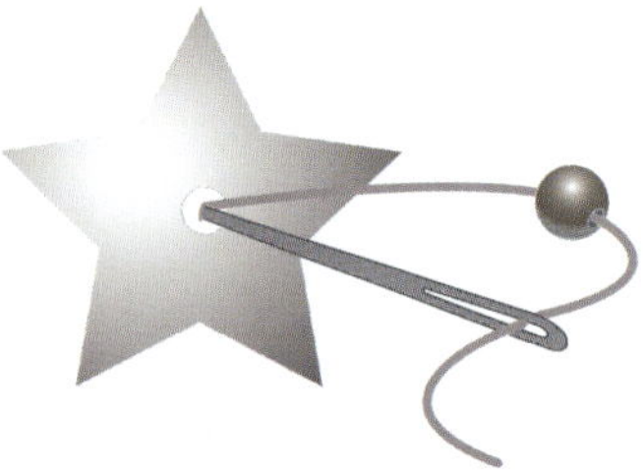

❷ Appliquez les étoiles avec des perles irisées. Brodez la queue de la comète : sur les premier et cinquième rangs, fixez des perles irisées serrées sur 8 cm environ puis espacées ; sur les deuxième et quatrième rangs, fixez des bâtonnets blancs serrés sur 8 cm environ, puis espacés ; sur le troisième rang, fixez des perles argentées serrées sur 8 cm environ, puis espacées. Pour finir, parsemez 8 perles irisées au hasard, au milieu des paillettes.

LE CŒUR

- *perles de rocaille turquoise et vert anis*
- *paillettes plates turquoise*
- *petits bâtonnets vert anis*
- *cabochon vert anis en forme de cœur*
- *fil turquoise*
- *aiguille fine*
- *crayon à tissu bleu*

❶ Décalquez le motif sur le patron (voir p.64). Faites le tour du cœur avec des perles de rocaille turquoise.

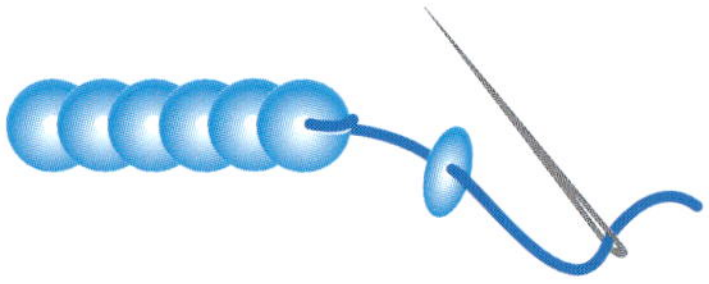

❷ Le long de la rangée de perles, fixez un rang de paillettes turquoise en écaille.

❸ Brodez un rang de petits bâtonnets verts, puis un rang de perles de rocaille vertes, puis un rang de perles de rocaille turquoise. Placez le cabochon en forme de cœur au centre et cousez-le. Remplissez les vides de perles de rocaille turquoise.

FOURNITURES

PANTALON PAILLETÉ

- *paillettes au mètre rouge et prune*
- *cabochons rouges*
- *strass ronds*
- *grosses perles de rocaille rouge foncé*
- *perles argentées*
- *ruban de satin de 1,5 cm de large*
- *coton mouliné DMC 915*
- *aiguille*
- *fil rouge et violet*
- *crayon à tissu*

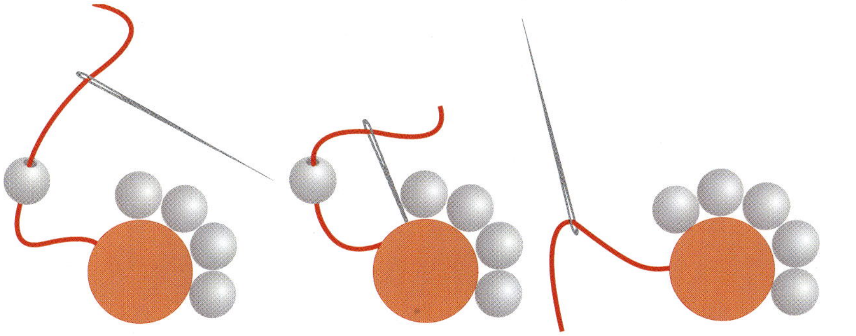

1 Appliquez le ruban rouge foncé à 4 cm du bas du pantalon. Avec le crayon à tissu, tracez une ligne à 5 mm du bord inférieur du ruban et une autre à 5 mm du bord supérieur. Avec le coton mouliné, brodez deux rangs de point de chausson (voir p. 9) de 5 mm de large.

2 Tous les 3 cm environ, cousez les cabochons et les strass en les alternant sur le ruban. Entourez chacun d'eux de perles rouges ou argentées en suivant le schéma 1, pour former une fleur.

3 À 5 mm des rangs de point de chausson, fixez les paillettes au mètre : piquez le tissu de l'envers vers l'endroit et sortez par le trou d'une paillette ; passez à cheval sur le fil qui relie les paillettes entre elles et ressortez dans la paillette suivante. Pour aller plus vite vous pouvez aussi coudre une paillette sur trois.

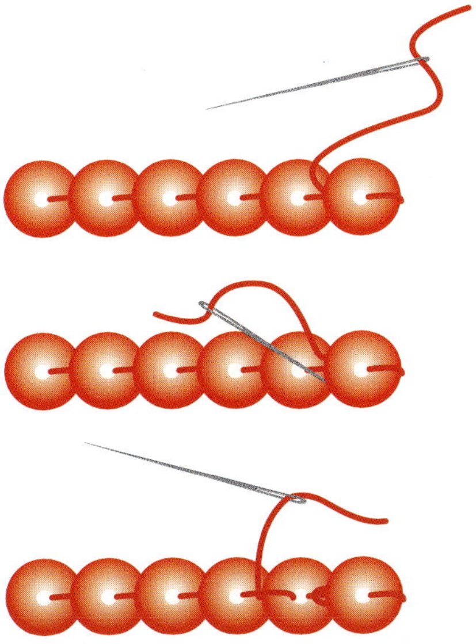

Paréos★★

FOURNITURES

LE PARÉO BLEU

- *perles de rocaille argentées transparentes*
- *grosses perles rondes blanc irisé*
- *grosses paillettes argentées à perforation latérale*
- *paillettes plates bleues transparentes*
- *tissu de coton bleu de 1 m x 2 m*
- *1 aiguille fine*
- *fil bleu*
- *1 crayon à tissu*
- *1 morceau de carton*

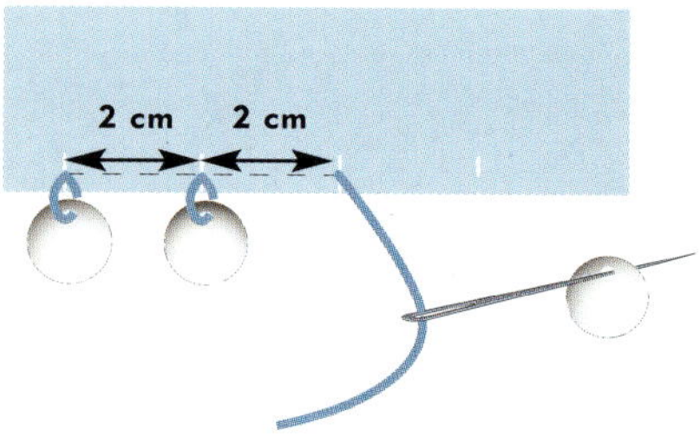

① Faites un petit ourlet sur toute la largeur du tissu. À 1,5 cm du bord tracez une bande de 6,5 cm de large avec le crayon à tissu. Décalquez la fleur sur le patron (voir p. 63) et reportez-la sur du carton fin ; découpez cette forme pour pouvoir vous en servir comme gabarit.

③ Commencez par broder avec les perles de rocaille le contour des fleurs et des lignes, puis remplissez les espaces entre les fleurs.
Piquez l'aiguille à l'envers du tissu et ressortez-la à l'endroit, enfilez la perle, repiquez après la perle puis ressortez environ 3 mm plus loin.
Continuez jusqu'à ce que les espaces entre les fleurs soient remplis.
Cousez au centre de chaque fleur une paillette que vous fixez avec une perle (voir p. 46).

④ Sur la largeur du tissu, faites une petite marque au crayon tous les 2 cm. Cousez une paillette à perforation latérale sur chaque marque en passant avec l'aiguille à l'intérieur de l'ourlet jusqu'à la marque suivante.

② Placez le gabarit sur le tissu et reportez le motif en vous inspirant du modèle. Commencez par la droite et dessinez la fleur autant de fois que nécessaire pour décorer la bande.

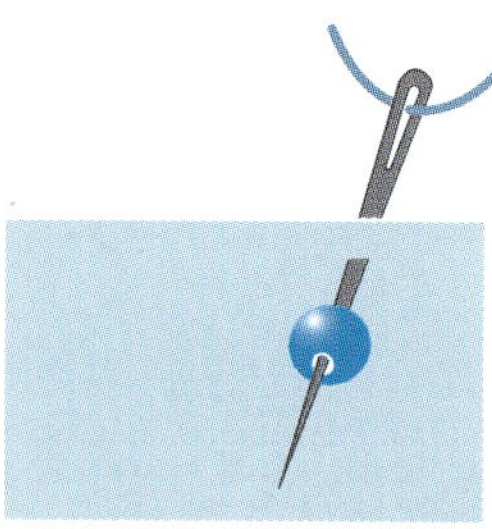

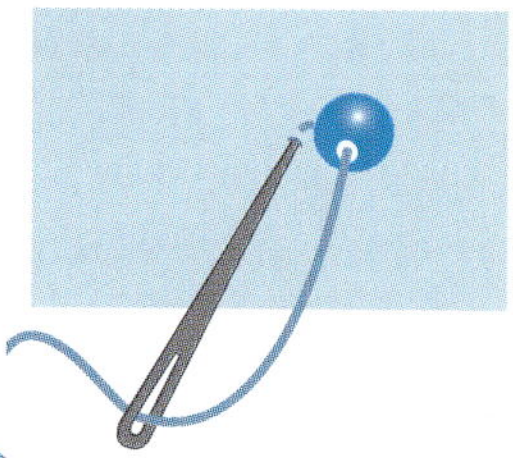

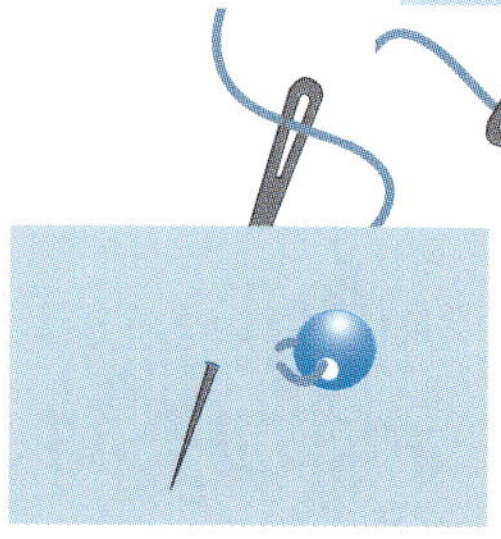

FOURNITURES

LE PARÉO ORANGE

- *perles de rocaille mordorées*
- *petites paillettes or*
- *fil orange*
- *tissu orange*
- *1 aiguille fine*

① Pour le paréo orange suivez les mêmes explications que pour le paréo bleu (voir les trois premières étapes p. 60). Le motif d'oiseau est placé dans une bande de 5 cm de large.

② Brodez la frange perlée : sur la largeur du tissu faites une petite marque tous les centimètres. Passez avec l'aiguille dans l'intérieur de l'ourlet, enfilez successivement 3 perles de rocaille, la paillette, une perle de rocaille. Repassez par-dessus la dernière perle puis à nouveau dans la paillette et les 3 perles. Repiquez à l'endroit de la marque et, en passant par l'intérieur de l'ourlet, ressortez à la marque suivante.

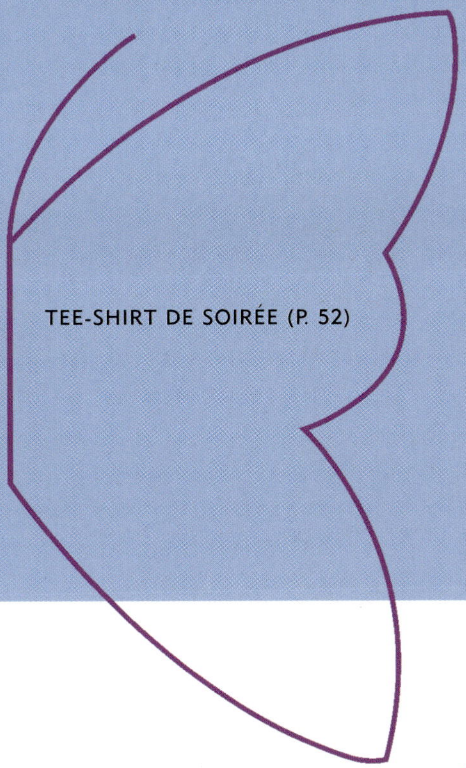

TEE-SHIRT DE SOIRÉE (P. 52)

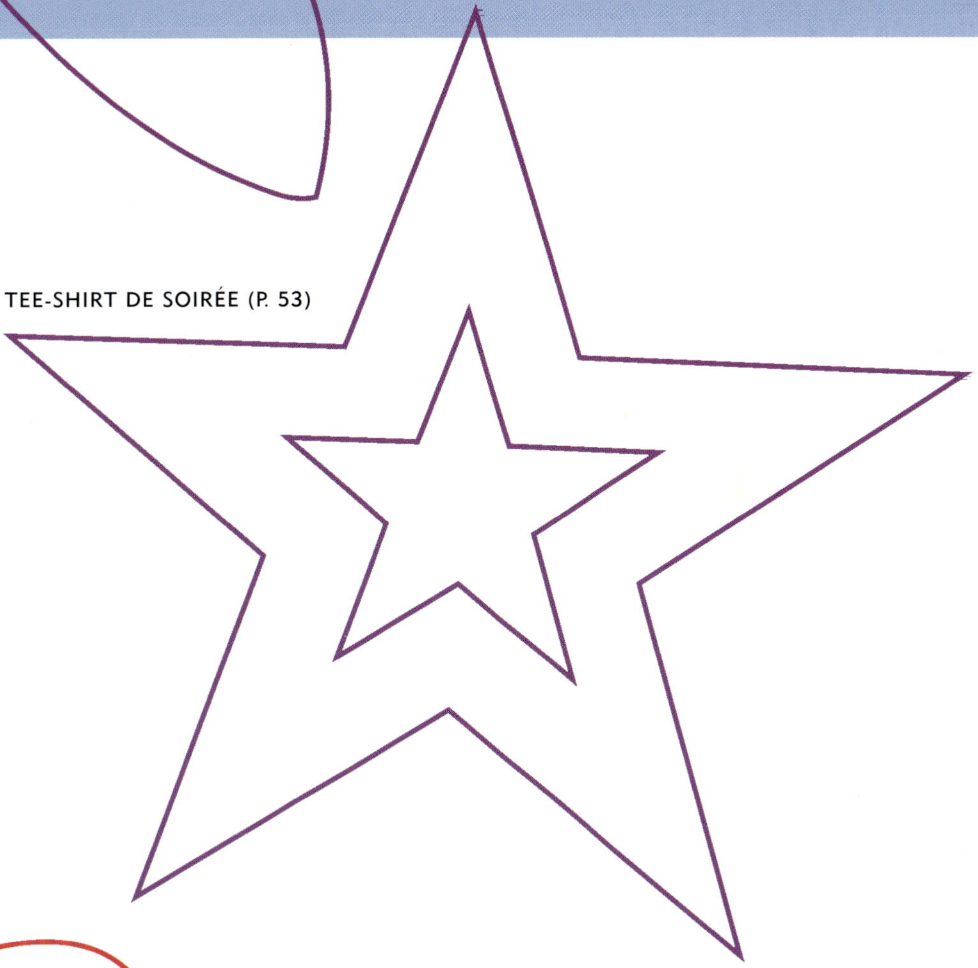

TEE-SHIRT DE SOIRÉE (P. 53)

PARÉOS (P. 60)

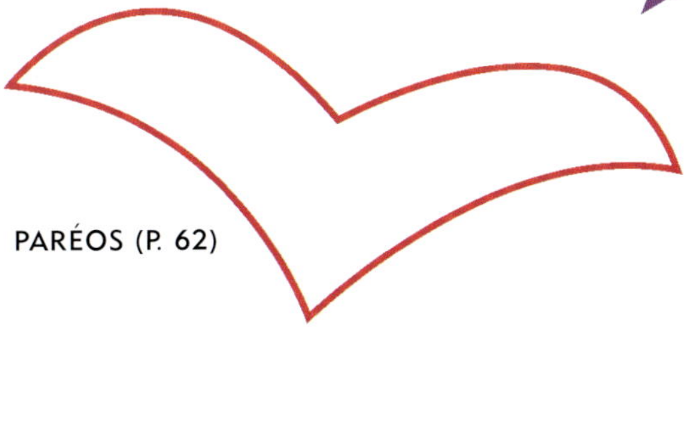

PARÉOS (P. 62)

PANTALON DE FÊTE (P. 58)

CEINTURES À FLEURS (P. 44-45)